APPLE, BITCOIN,
PAYPAL, GOOGLE :

LA FIN DES BANQUES ?

Groupe Eyrolles
61, bd Saint-Germain
75240 Paris Cedex 05

www.editions-eyrolles.com

ISBN : 978-2-212-56114-2

Philippe HERLIN

APPLE, BITCOIN,
PAYPAL, GOOGLE :

LA FIN DES BANQUES ?

Comment la technologie
va changer votre argent

EYROLLES

Sommaire

Introduction

La guerre couve dans le secteur bancaire, mais les banques n'en sont pas vraiment conscientes, et ceux qui avancent leurs pions ne dévoilent pas toutes leurs intentions. On parle de paiement mobile, mais est-ce que cela va prendre ? Quel en est l'intérêt ? Tiens, Apple lance son service de paiement sur son nouvel iPhone, c'est important alors ? Pourquoi les grands acteurs du Web s'intéressent-ils au paiement ? simple diversification ou enjeu stratégique ? Et les monnaies complémentaires, pourquoi se développent-elles ? Le phénomène bitcoin, quelle est sa signification ?

Et si toutes ces interrogations étaient reliées entre elles et révélaient des enjeux bien plus profonds et essentiels que la simple question du paiement, comme par exemple les limites du modèle bancaire actuel, les insuffisances et les risques des grandes banques, et les alternatives envisageables ?

Le fait de payer constitue un acte des plus banals, que nous faisons plusieurs fois par jour, mais nous aurions tort de le ramener à quelque chose de secondaire ou de marginal. Depuis peu, c'est devenu un terrain de manœuvres pour de nouveaux acteurs, grands ou petits, ainsi qu'un point d'entrée pour d'autres services financiers, certains totalement nouveaux. Nous sommes au début de bouleversements, et ils vont être captivants.

Chapitre 1

Que vient faire Apple dans le paiement ?

Apple s'est spectaculairement redressé avec le retour de son fondateur Steve Jobs en 1997. Les iPod, iPhone et autres iPad ont remis la firme californienne au premier plan de l'innovation et des bénéfices, et elle dispute à Exxon le titre de la plus forte capitalisation boursière du monde. Alors pourquoi veut-elle entrer dans le domaine des paiements ? S'agit-il d'un simple service en plus ou d'une orientation stratégique d'importance ?

Apple fait du neuf avec du vieux : la puce NFC

Lors de la conférence Apple du 9 septembre 2014 à San Francisco, l'iPhone 6 tenait bien sûr la vedette, mais Tim Cook, successeur de Steve Jobs à la tête de l'entreprise, a également fait une annonce importante : l'entrée d'Apple dans le domaine du paiement. Avec « Apple Pay », les possesseurs du nouvel iPhone pourront régler leurs achats dans certaines grandes enseignes des États-Unis (McDonald's, Disney Store, Subway, Sephora, etc.), ainsi que chez 220 000 commerçants équipés de terminaux de paiement sans contact. C'est la puce NFC qui permet de telles transactions ; elle équipe désormais le nouveau smartphone de la firme de Cupertino.

Avec la puce NFC, Apple fait du neuf avec du vieux : certains smartphones haut de gamme en sont équipés depuis 2010 déjà. Cependant, cette technologie ne parvenant pas à s'imposer auprès du grand public et des commerçants, la marque à la pomme préférait attendre avant de trouver la bonne solution. NFC (*Near Field Communication*, « communication en champ proche ») est une technologie sans contact qui permet de transférer des données entre deux appareils éloignés de moins de dix centimètres. On peut ainsi échanger sa carte de visite virtuelle, valider un passage dans les transports en commun ou son billet dans une salle de spectacle, ajouter des points à sa carte de fidélité… ou payer chez un commerçant équipé du même dispositif. C'est ce dernier usage qui suscite le plus d'engouement, étant donné les colossaux montants financiers en jeu.

Apple est longtemps resté réfractaire à la puce NFC, standard universel que n'importe quelle société peut adopter, soit rien tant que déteste une firme qui s'attache à développer des solutions « propriétaires », exclusives, incompatibles (Mac/PC, iOS/Android). Mais imposer un standard spécifique réservé aux détenteurs d'iPhone relève de l'impossible : comment en effet convaincre les commerçants de s'équiper uniquement pour cette population ? Finalement, grand seigneur, Apple consent à utiliser la norme NFC. Mais à sa façon, en rajoutant, pour chaque paiement, une validation par l'empreinte digitale du possesseur de l'iPhone (TouchID), afin d'éviter qu'en cas de vol le compte puisse être vidé. C'est bien vu, et d'ailleurs son concurrent Samsung commence également à installer un lecteur d'empreintes sur ses smartphones.

Apple maîtrise le processus de paiement de bout en bout en signant des accords avec les principales cartes de paiement (Visa, Mastercard, American Express) et les grandes banques (Bank of America, Capital One Bank, Chase, Citi et Wells Fargo), qui représentent 83 % du volume des achats par carte de crédit aux États-Unis. En outre Apple s'engage sur la confidentialité : chez le commerçant « l'employé de caisse ne voit plus votre nom, votre numéro de carte bancaire ou votre code confidentiel, ce qui contribue à réduire les fraudes potentielles », et d'autre part « Apple ne tient pas d'historique de vos achats : nous ne savons pas ce que vous avez acheté, chez qui vous l'avez acheté ni combien vous l'avez payé », si l'on en croit un communiqué de la firme.

Accords avec les banques, validation par son empreinte digitale, garantie de confidentialité : Apple met toutes les chances de son côté pour enfin faire décoller le paiement sur mobile. Cela constituerait pour la firme californienne une source de revenu appréciable car, bien sûr, elle touchera une part des commissions bancaires. Quelle proportion ? Cette information est confidentielle…

Faire avec ou sans les banques ?

Mais Apple aurait pu s'y prendre autrement. Pour activer Apple Pay, le possesseur d'un iPhone 6 doit prendre en photo sa carte bancaire ou entrer manuellement le numéro, la date d'expiration et le code de sécurité. Pourtant, Apple possède déjà ces informations : dans iTunes ! En effet, chaque nouvel acquéreur d'un produit de la marque doit entrer ses coordonnées bancaires sur cette plateforme afin de pouvoir acheter des applications, de la musique ou des livres. Plus de 800 millions de clients sur la planète l'ont déjà fait, et le chiffre d'un milliard sera bientôt dépassé, notamment grâce à la Chine. Il aurait suffit à Apple de permettre aux détenteurs de comptes iTunes, qu'ils soient particuliers ou commerçants, de pouvoir s'envoyer de l'argent, exactement comme le fait Paypal.

Paypal est déjà un « ancien », créé au siècle précédent, en 1998. Deux clients de ce site peuvent effectuer un paiement, que ce soit un internaute qui règle un achat sur un site, ou deux particuliers qui s'envoient de l'argent pour une raison ou une autre. Il faut un compte bancaire pour l'alimenter ou recevoir un paiement, mais les banques sont réduites à la portion congrue. Un commerçant qui reçoit de l'argent sur son compte Paypal n'est pas obligé de le verser à sa banque, il peut l'utiliser directement pour faire un achat et dans ces conditions la banque n'en sait rien, et elle ne touche aucune commission. Paypal n'est pas un établissement bancaire traditionnel (on ne peut pas y déposer de chèques, avoir accès à des livrets ni y souscrire des produits financiers), mais il entre en concurrence frontale avec les banques concernant les paiements sur Internet. Régler un achat sur un site via Paypal plutôt qu'avec sa carte bancaire, c'est autant de perdu pour les banques.

Le groupe américain a déjà capté 15 % de l'e-commerce en France, et 25 % au Royaume-Uni, ce qui n'est pas rien. La firme compte 220 millions de clients dans le monde, c'est-à-dire déjà plus qu'aucune autre banque, dont près de 10 millions en France. Paypal exaspère déjà suffisamment les banques, alors imagine-t-on Apple et son bientôt un milliard de clients migrer vers ce modèle ? Il suffirait, pour les sites marchands, de rajouter une icône iTunes pour accéder à tous ces clients ! Ce serait une véritable déclaration de guerre aux banques, mais Apple n'a pas choisi cette option.

En réalité, la firme californienne voit plus vaste et plus loin. Plus vaste, parce qu'elle ne veut pas se limiter aux sites Internet marchands comme Paypal mais aussi toucher les commerçants physiques : les obliger à s'équiper d'un terminal de paiement dédié à iTunes serait difficile et coûteux, alors que la puce NFC est un standard universel dont le taux d'équipement progresse rapidement (même si les usages ne suivent pas encore). Plus loin, parce que son objectif n'est pas de concurrencer les banques maintenant, mais d'habituer le grand public à payer avec son smartphone – grand public qui sera d'autant plus rassuré que sa banque est associée à ce nouveau moyen de paiement. Lorsque l'habitude sera prise, il sera temps de proposer des solutions plus « propriétaires » (comme sait si bien le faire Apple) et moins liées aux banques…

Payer avec son smartphone, vraiment ?

Samsung en Corée du Sud et Sony au Japon ont réussi à convertir des millions de consommateurs au paiement à courte distance. Pas par effet de mode, mais parce que les usages sont déjà largement répandus : les cartes NFC ne servent pas seulement à payer chez les commerçants mais aussi dans les transports en commun, les taxis, pour entrer dans son immeuble ou son université. De simples cartes que l'on crédite, ou bien sûr un smartphone s'il en est équipé. Le grand public ne l'adopte que s'il y trouve son avantage, en termes de souplesse, de rapidité, de variété des services, et c'est le cas dans ces pays. Formée en juin 2011, la « Grand NFC Korea Alliance » réunit les principaux opérateurs téléphoniques, les équipementiers (Samsung, LG), les émetteurs de cartes de paiement (Visa, Mastercard), les chaînes de distribution et les fournisseurs de services du pays afin d'utiliser et de promouvoir le standard NFC. Quantité de nouveaux services apparaissent comme le m-commerce (mobile-commerce) permettant, par exemple, aux usagers du métro de Séoul de faire leurs courses en taguant des produits affichés sur un mur, de payer et de fixer une heure pour la livraison à domicile.

En Île-de-France, la carte de transport en commun Navigo fonctionne avec une carte à puce NFC. Il serait donc techniquement facile de la faire fonctionner sur un smartphone : l'utilisateur n'aurait plus à penser à la prendre, il lui suffirait d'approcher son téléphone de la borne au moment de passer. Il pourrait aussi la recharger directement sur son smartphone.

Apple est un *trend setter*, un lanceur de tendances, mais il faudra qu'il soit suivi par d'autres, des créateurs d'applications, des magasins qui s'équipent en NFC, de nouveaux services, pour que le m-commerce se développe et pour que les États-Unis rattrapent leur retard sur la Corée du Sud. Les gens n'utiliseront pas cette technologie pour exhiber leur iPhone 6, ils le feront uniquement s'ils y trouvent des avantages.

Comment réagit Samsung, le numéro un mondial des fabricants de smartphones, à l'arrivée d'Apple sur ce créneau ? S'il a réussi dans son pays d'origine, la Corée du Sud, il ne peut pas se laisser distancer par son principal concurrent. Justement, quelques jours après la conférence d'Apple, les médias annonçaient un partenariat entre Paypal et Samsung ! Un accord qui permet à ce dernier d'accéder aux 220 millions de clients mondiaux du site américain, et à Paypal d'accéder au m-commerce, aux magasins en dur, par l'intermédiaire des smartphones de la marque. Paypal est déjà présent dans 200 pays alors qu'Apple Pay n'existe qu'aux États-Unis et mettra du temps à s'internationaliser. Réplique – prévisible – d'Apple : Paypal est banni de son système de paiement.

Les grandes manœuvres se mettent en place. Paypal, racheté par le site de vente aux enchères eBay en 2002, s'en est séparé en septembre 2014. Paypal devient ainsi une société indépendante, libre de choisir ses partenaires alors qu'auparavant sa dépendance à l'égard d'eBay pouvait en éloigner certains (par exemple Amazon, qui est concurrent d'eBay, jusqu'à présent n'accepte pas le paiement par Paypal, cela pourrait changer). À côté de son accord avec Samsung, la société développe sa propre solution de paiement via mobile chez le commerçant (One Touch), pour l'instant testée en France à Nancy. Ici le paiement ne passe pas par la carte NFC (car Paypal veut aussi s'adresser aux smartphones qui n'en ont pas), mais par un répertoire de commerçants partenaires. Quoi qu'il en soit, voici un acteur avec lequel il faudra compter, le seul à être présent dans quasiment tous les pays de la planète.

Tous les grands acteurs s'y mettent

Le géant Google n'est bien sûr pas absent de cette bataille : il a créé un concurrent direct de Paypal, Google Wallet, disponible aux États-Unis seulement pour l'instant. À l'initiative d'Android, la plateforme concurrente d'Apple pour les smartphones, le moteur de recherche a développé sa solution de paiement mobile également via le standard NFC. Sa stratégie demeure néanmoins hésitante : il a racheté le fabricant de téléphones Motorola en 2012 (pour 12,5 milliards de dollars) avant de le revendre en 2014 à Lenovo (pour 3 milliards de dollars…). Moteur de recherche universellement connu, sa solution de paiement ne franchit pas pour l'instant les frontières de son pays d'origine, mais cela devrait changer.

Microsoft a racheté le fabricant de téléphones Nokia en 2013 et développe également le paiement via NFC. Facebook s'intéresse lui aussi au paiement mobile : la filiale irlandaise du plus grand réseau social du monde a obtenu les autorisations officielles nécessaires pour certains services financiers. L'objectif serait de permettre à ses clients de réaliser des transferts, des paiements et de stocker de l'argent sur ses serveurs. Pour l'instant Facebook dépend uniquement des recettes publicitaires, ce serait là une occasion de diversifier ses revenus, car bien sûr, à chaque transaction, la société prendrait sa commission.

Twitter s'y met également, même si son projet s'avère moins ambitieux, pour le moment. En France la société américaine s'est alliée en octobre 2014 à la BPCE (Banque populaire-Caisses d'épargne). Un simple tweet permettra de transférer de l'argent. Cependant, il faudra auparavant créer un compte chez S-Money, la filiale de BPCE, pour effectuer des transferts d'argent via son smartphone. Twitter n'apparaît ici que comme un simple canal de transmission, mais c'est un début.

Aucun grand acteur de l'Internet ne peut rester à l'écart de cette technologie car le smartphone devient un accès privilégié à Internet : en mai 2014, les Américains ont passé plus de temps sur le Web via leur mobile que depuis leur ordinateur personnel[1]. Alors, naturellement, les usages associés (NFC, géolocalisation, QR codes, etc.) devraient à leur tour fortement croître. Nous nous sommes bien habitués à la carte

1. « Le temps passé sur le Web mobile dépasse celui sur PC aux États-Unis », www.journaldunet.com, 13 mai 2014.

bancaire, qui apporte de vrais avantages pratiques par rapport au liquide et au chèque, nous nous mettrons certainement plus rapidement qu'on ne le pense au paiement par smartphone.

La carte bancaire, symbole de l'hégémonie des banques

La carte bancaire constitue indéniablement une grande réussite des banques. Ce moyen de paiement est parvenu à s'imposer puisqu'il représente en France près de la moitié des opérations de paiement (hormis les espèces), nettement devant les prélèvements, les virements et les chèques, qu'il a détrônés. Le paiement en espèces est à part : en nombre de transactions, il arrive en tête (55 % du total des paiements en 2009 en France selon le cabinet McKinsey), mais en volume il pèse moins de 5 %, puisque naturellement il concerne surtout des faibles montants.

La carte bancaire s'est généralisée pour son côté pratique (plus besoin d'avoir beaucoup de liquide sur soi, plus simple que le chèque), notamment en France où elle a bénéficié d'une puce (ce qui n'est pas le cas aux États-Unis par exemple), ce qui rend son utilisation plus sûre. Mais elle s'est aussi généralisée, on l'oublie, grâce à un coup de pouce du pouvoir. En 1970, le président Georges Pompidou rend obligatoire la mensualisation des salaires. Jusque-là les salariés étaient payés à la semaine ou à la journée, avec une enveloppe contenant la paye. Des millions de Français n'étaient pas bancarisés, et ils n'en avaient nul besoin, seuls ceux qui possédaient des économies ouvraient un compte en banque pour gérer leur patrimoine. Avec la mensualisation, le compte en banque devient obligatoire car le salaire est désormais versé sur un compte bancaire plutôt qu'en liquide, les quantités d'espèces à gérer étant excessives. C'est un formidable cadeau pour les banques. Les clients affluent et une publicité de la BNP affiche clairement la couleur, en 1972 : « Votre argent m'intéresse. »

Apparaît donc, à la même époque, la carte bancaire, qui naît en 1967 (premier DAB – distributeur automatique de billets – en 1968), puis la carte à piste magnétique (1971) et, enfin, la carte à puce, inventée en 1974 par le Français Roland Moreno et lancée commercialement en 1986. Le code à quatre chiffres date quant à lui de 1990. En 2001, le nombre de paiements par carte dépasse le nombre de paiements par chèque. Progressivement mais inéluctablement, la carte bancaire s'impose comme le moyen privilégié pour payer.

Les chèques et les espèces sont complexes et coûteux à gérer, au contraire des cartes bancaires, des virements et des prélèvements qui rapportent (nous reviendrons plus loin sur cet aspect pécuniaire). Le tout-électronique, c'est le rêve des banques. D'où leur volonté de restreindre au maximum l'usage du chèque, ainsi que les rumeurs récurrentes sur la suppression totale de l'argent liquide… Un vertige saisit chacun d'entre nous : plus de cash, vraiment ? La surveillance généralisée, un monde orwellien ? Les banques démentent mais elles y pensent ; elles ont essayé avec la carte Moneo (réservée aux montants inférieurs à 30 euros), mais l'initiative a échoué.

Contrôler toutes les transactions et prendre une commission à chaque fois, voici l'objectif des banques, et avec la carte bancaire elles y sont presque parvenues. Manque de chance, Internet est arrivé, et avec lui de nouveaux acteurs comme Paypal. Et ce n'était que le début : voici maintenant le tour des Apple, Samsung et de bien d'autres encore, nous le verrons. La concurrence n'est certes pas forcément frontale, mais les banques doivent apprendre à partager…

Chapitre 2

Les insuffisances du système bancaire actuel

Les insuffisances et les risques du système bancaire actuel dans le monde sont de plusieurs natures. Il ne faut pas voir les choses par le petit bout de la lorgnette et se limiter aux moyens de paiement, mais prendre en compte d'autres risques qui peuvent apparaître par rapport à la banque elle-même et à la monnaie. L'actualité l'a amplement montré depuis la crise de 2008.

Les moyens de paiement coûtent cher

Les différents moyens de paiement coûtent plus cher qu'on ne le pense de prime abord. McKinsey a réalisé une étude sur le sujet en 2009[1]. Retirer de l'argent à un

1. *The McKinsey Global Payment Map: A global Eye on Local Opportunities*, cité dans Georges Pauget et Emmanuel Constans, *L'avenir des moyens de paiement en France*, rapport au ministre de l'Économie et des Finances, 2012, p. 67.

distributeur automatique de billets (DAB) est un geste simple et rapide mais, pour les banques françaises, gérer et alimenter les 56 000 DAB sur le territoire leur coûte pas moins de 2,6 milliards d'euros tous les ans. Tel est le « prix » de l'argent liquide en France (et on ne parle pas de son impression par la Banque de France). Sur cette opération la banque ne fait rien payer à son client ; tout juste peut-elle l'inciter à effectuer ses retraits sur les DAB de son réseau, au risque sinon de devoir payer une commission. Pour les chèques, même si leur circulation physique a été supprimée grâce à la numérisation, leur traitement coûte encore 2,4 milliards d'euros.

Les cartes bancaires, par contre, rapportent 2,7 milliards d'euros, grâce aux commissions payées par leurs utilisateurs : le client, qui paye un forfait pour l'obtenir, mais aussi et surtout le commerçant. Il faut lever une ambiguïté : lorsque, suite à une promotion ou en passant par une banque sur Internet, on obtient sa carte bancaire « pour zéro euro », il ne faut pas croire qu'on l'utilise gratuitement. Dans un magasin, quand on achète un produit 100 euros, il faut savoir que 2, 3 ou 4 euros vont dans la poche de la banque du commerçant, ce sont les commissions qu'il paye. Cette somme inclut l'ensemble des frais : il faut en effet compter la commission sur la transaction proprement dite, mais aussi la location du lecteur de carte, la ligne téléphonique dédiée, la commission interbancaire (lorsque la banque du client est différente de celle du commerçant), l'intégration à des logiciels de facturation et de comptabilité spécifiques, etc. Selon le témoignage d'un ancien président de l'un des deux grands GIE de cartes bancaires[1], les petits commerçants versent de 3 à 5 % de leur chiffre d'affaires cartes bleues en commissions, un montant significatif. Les grands magasins ou les réseaux bénéficient d'économies d'échelle et parviennent à négocier des tarifs inférieurs. Mais le commerçant n'écrit pas sur son étiquette que le produit coûte 97 euros + 3 euros de frais de carte bancaire, il l'intègre au prix et le client paye sans s'en rendre compte. On pourrait imaginer que le commerçant indique que le produit coûte 97 euros si on paye en liquide ou 100 euros par carte bancaire, mais la loi interdit de fixer des prix différents en fonction du moyen de paiement. C'est dommage, cela favoriserait la concurrence entre les moyens de paiement !

Enfin, les virements et les prélèvements rapportent aux banques 0,7 milliard d'euros. On constate donc que sur les moyens de paiement proprement dits, les banques sont perdantes de 1,6 milliard d'euros (– 2,6 pour le cash, – 2,4 pour les chèques, + 2,7 pour les cartes, + 0,7 pour les virements, soit – 1,6 milliard d'euros). Mais en intégrant la gestion des comptes courants, qui sont étroitement liés aux moyens de paiement, les banques repassent dans le vert. Les comptes courants, plus exactement les sommes déposées dessus et qui ne sont pas rémunérées (ce qui constitue une ressource gratuite pour les banques), rapportent 4,7 milliards. Et on rajoute à cela les découverts, sèchement facturés, 1,3 milliard. Au final, les banques sont gagnantes de 4,4 milliards d'euros (– 1,6 + 4,7 + 1,3). Un gain conséquent.

1. Rapporté lors d'une table ronde à l'université Paris-Est Marne-la-Vallée à laquelle je participais, le 17 décembre 2013.

À la lecture de ces chiffres, on comprend toute l'action des banques : décourager l'usage du chèque, généraliser la carte bancaire, ne pas rémunérer les comptes courants, facturer des frais élevés en cas de découvert… On comprend aussi que la gestion des comptes courants constitue une activité très rémunératrice, qui complète naturellement les moyens de paiement. On comprend également la stratégie des nouveaux entrants : surtout ne pas s'embêter à gérer le liquide et les chèques, qui coûtent horriblement cher, mais attaquer le « gâteau » des cartes bancaires et des comptes courants. Les banques, qui ont l'obligation légale de gérer les espèces et les chèques, ne l'entendent évidemment pas de cette oreille.

Bien sûr, les commerçants ne manquent pas de se plaindre des coûts élevés de la carte bancaire. L'Autorité de la concurrence a déjà condamné le groupement des cartes bancaires pour entente illicite et a obligé à une baisse des tarifs (décision du 7 juillet 2011). Aux États-Unis, les choses se règlent par des procès. En mars 2014, la première chaîne d'hypermarchés du pays, Walmart, a attaqué en justice Visa en l'accusant de lui avoir imposé 5 milliards de dollars de frais injustifiés pendant huit ans, entre 2004 et 2012. Le distributeur affirme que Visa et les banques ont abusé de leur position dominante et monopolistique pour mettre en place des accords tacites qui faussent la concurrence. Globalement, les détaillants américains versent aux deux émetteurs de cartes bancaires, Visa et Mastercard, des commissions de l'ordre de 2 à 3 %, ce qui représente 40 milliards de dollars au niveau du pays. Ce n'est pas la première fois que

Walmart engage une telle procédure : déjà en 2005, il s'était associé à d'autres grands distributeurs pour lancer une action en justice contre Visa et Mastercard, les accusant notamment de se consulter pour fixer les frais de traitement de transactions. Les deux parties étaient parvenues à un accord en juillet 2012, selon lequel Visa et Mastercard s'étaient engagés à réduire les frais imputés aux détaillants.

Les clients aussi se plaignent, sur les frais bancaires en général (qui dépassent les simples moyens de paiement) : ils les trouvent illisibles et trop élevés, et encore ignorent-ils les 2 à 5 % qu'ils payent sur chaque transaction avec leurs cartes, comme nous l'avons vu plus haut !

On le voit, les banques sont contraintes de gérer le liquide et les chèques qui leur coûtent cher, elles se rattrapent avec les cartes bancaires, mais un peu trop au goût des commerçants et de leurs clients. Tout le monde se plaint en somme, mais les banques sont les maîtres du jeu, nous en sommes tous devenus dépendants. Ces coûts élevés constituent dans le même temps un formidable catalyseur pour les nouveaux acteurs qui veulent entrer sur le marché en cassant les prix.

D'un autre côté, ces problèmes sont des soucis de « riches » : nous bénéficions d'un système de paiement efficace, et cela constitue un élément fondamental dans une économie moderne. Tous les habitants de la planète ne bénéficient pas d'une telle situation.

La moitié de la population mondiale n'est pas bancarisée

Prenons un peu de recul et apprécions aussi, un peu, notre chance : la moitié de la population mondiale ne possède pas de compte bancaire, ni en conséquence les moyens de paiement afférents. Selon une étude du Financial Access Initiative[1], 2,5 milliards d'adultes, soit un peu plus de la moitié de la population adulte mondiale, n'ont pas accès aux services bancaires, contre 2,2 milliards qui en bénéficient. Ces adultes non desservis se trouvent essentiellement en Asie, en Afrique subsaharienne, en Amérique latine et au Moyen-Orient.

Cette exclusion des services financiers de base signifie automatiquement un accès limité à quantité de services de base (énergie, télécommunications), ainsi qu'aux flux économiques dépassant la simple proximité, l'extrême difficulté à constituer un capital et à le faire fructifier, en somme une véritable « trappe à pauvreté ». On est pauvre et on le reste. Même si des pratiques existent pour contourner ces limitations (la tontine qui permet d'acheter à crédit, l'achat de bijoux en or en Inde pour protéger et transmettre un capital), elles demeurent d'une efficacité limitée.

Alors que faut-il espérer ? Attendre que le niveau de vie de ces pays s'améliore, que les réseaux bancaires se développent pour, finalement, permettre à chacun d'accéder à des services financiers modernes ? Mais

1. Financial Access Initiative, *La moitié de la population mondiale n'est pas bancarisée*, 2009.

on parle ici de décennies, sans être d'ailleurs certain de parvenir à bancariser toute la population ! Il existe d'autres moyens, nous le verrons. Il faut surtout prendre le problème dans l'autre sens : permettre aux pauvres de malgré tout accéder au paiement et au virement électronique, à la gestion d'un compte courant, à l'épargne et à des services divers de crédit ou d'assurance, parce que c'est le meilleur moyen de générer de la croissance et de développer l'économie d'un pays.

Et notons que ce problème concerne également les pays développés puisque, selon cette même étude, 8 % de la population des pays de l'OCDE n'est pas bancarisée. La pauvreté est en cause, ainsi que l'exclusion du système bancaire après un « fichage Banque de France ». Là encore, on enfonce les gens dans la pauvreté en ne leur permettant pas d'accéder à des outils essentiels dans le monde d'aujourd'hui.

Le risque bancaire : la faillite ou la ponction des comptes

Plaçons-nous dans la situation où l'on dispose d'un compte bancaire, d'une carte de paiement, de l'épargne et des revenus réguliers. Tout va bien ? Pas si sûr, car il faut prendre en compte des risques qui ont soudainement réapparu avec la crise de 2008 : les faillites bancaires ou la ponction des comptes.

En septembre 2007, alors que la crise des *subprimes* commence à s'étendre, la banque anglaise Northern Rock ne parvient plus à se refinancer, aucune banque ne voulant lui faire confiance. Le cours de l'action chute, les rumeurs se propagent et, très vite, des files d'attentes se forment devant les guichets, les clients voulant d'urgence retirer toutes leurs économies (on parle de *bank run*). Ce début de panique bancaire sera étouffé dans l'œuf quelques jours plus tard quand la Banque d'Angleterre apportera 25 milliards de livres et, *de facto*, procédera à sa nationalisation. Mais pendant quelques instants, le spectre de la crise de 1929, avec son cortège de banques déposant leur bilan, a refait surface. Puis vient le coup de tonnerre de la faillite de Lehman Brothers le 15 septembre 2008. Ce cataclysme, que les marchés n'avaient pas prévu, a failli déclencher un effet domino et entraîner plusieurs grandes banques par le fond, pas seulement aux États-Unis mais sur la planète entière étant donné l'interconnexion des marchés financiers. Il faudra le plan Paulson (du nom du secrétaire au Trésor de l'administration Bush) d'un montant de 700 milliards de dollars pour éteindre l'incendie. Bien peu d'épargnants à travers le monde ont eu conscience, à ce moment-là, que leurs économies auraient pu s'envoler en fumée.

D'autres en auront une conscience aiguë quelques années plus tard, et ils ne passeront pas à travers l'orage : les Chypriotes. Dans les livres d'histoire, le 16 mars 2013 restera comme le jour où les comptes bancaires d'un pays de la zone euro ont été ponctionnés. Le système bancaire de Chypre était hypertrophié, il avait attiré les déposants de nombreux pays (des oligarques Russes notamment) grâce à une fiscalité faible et l'absence de contrôle sur leur provenance. Mais la restructuration de la dette grecque a ruiné le système bancaire de l'île qui avait placé une grande partie de ses fonds dans les bons du Trésor de ce pays ami et culturellement proche. Suite à la faillite des banques, les comptes de plus de 100 000 euros ont été ponctionnés, au-dessus de cette somme, et transformés en actions de la banque, des morceaux de papier qui ne valent pas grand-chose. Lorsque l'on prend un peu de recul historique, une telle méthode n'a en fait rien d'étonnant : les faillites des États se traduisent toujours par la ruine des épargnants, seules les modalités diffèrent : défaut, hyperinflation, faillites bancaires, spoliation, l'une n'excluant pas l'autre. Mais depuis le 16 mars 2013 cela est soudain devenu concret. Passée la stupéfaction de l'annonce, il faut bien se rendre à l'évidence, ce risque est désormais bien réel : les comptes bancaires des pays en difficulté sont sous la menace d'une spoliation.

Était-ce un accident isolé ? Pas du tout, Chypre constitue un « modèle » s'est empressé de déclarer Jeroen Dijsselbloem, le président de l'Eurogroupe. Quelques mois plus tard, en octobre, le FMI valide cette idée de ponction des comptes bancaires en lançant l'idée d'une taxe de 10 % sur l'épargne des ménages (de tous les ménages, pas seulement ceux au-dessus de 100 000 euros) pour diminuer la dette des États. Et surtout, ce mode de traitement des crises bancaires fait désormais l'objet d'une directive européenne qui entrera en vigueur le 1er janvier 2016 : dans la nuit du 11 au 12 décembre 2013, les 28 États membres ainsi que la Commission et le Parlement européen se sont mis d'accord pour permettre la ponction des comptes de plus de 100 000 euros au cas où une banque risquerait de tomber en faillite. Et pour être certains que la population n'aura même pas le temps de protester, la procédure sera accélérée. Un membre du directoire de la BCE (Sabine Lautenschläger) a déclaré en janvier 2014 que la zone euro doit être capable de définir en l'espace d'un week-end un plan de refinancement et de restructuration d'une banque en difficulté. Un week-end. La banque, dans laquelle le gouvernement incitait chacun à garder sa confiance, est subitement déclarée en faillite le vendredi soir, et le lundi matin les comptes sont siphonnés de 50 %. Simple, propre, efficace, on n'arrête pas le progrès.

Cette méthode est scandaleuse : il ne s'agit de rien d'autre que d'un vol pur et simple, d'une remise en cause du droit de propriété. Que les actionnaires soient mis à contribution, rien de plus normal. Et si cela ne suffit pas, eh bien il faut remettre en cause la loi bancaire et séparer les banques de dépôt des banques de marché, de façon à éviter que les dépôts ne soient mis en danger. Rien de tel ici : on n'empêche pas les banques de grossir et d'accumuler des risques, et en cas de problème il suffira de puiser dans les comptes des déposants !

Beaucoup pourraient se dire qu'avec un plancher de 100 000 euros, nul n'est besoin de s'inquiéter. Lourde erreur. Effectivement, à Chypre les comptes d'un montant inférieur à cette somme n'ont pas été touchés, mais pour une raison bien simple : l'Union européenne et le FMI ont apporté 10 milliards d'euros dans le cadre d'un plan d'aide (ce qui correspond à deux tiers du PIB de l'île). Pour des pays comme l'Espagne, l'Italie ou la France, il faudrait des centaines de milliards pour garantir les comptes des particuliers. Qui pourrait apporter cette somme ? En cas de crise, l'ensemble des comptes seraient bien sûr ponctionnés. C'est d'autant plus évident qu'à l'approche de la mise en œuvre de cette directive (le 1er janvier 2016), tous ceux qui détiennent plusieurs centaines de milliers d'euros ouvriront plusieurs comptes pour se retrouver sous cette barre. Les multimillionnaires, eux, bénéficient de services haut de gamme et sauront faire les montages nécessaires pour protéger leur patrimoine. Ne resteront alors que les entreprises. Mais qu'est-ce que cela signifie de ponctionner tout ou partie des comptes des entreprises, c'est-à-dire leur trésorerie, sinon de les empêcher de verser les payes les mois suivants, de les mettre en grave difficulté ou en faillite, et ainsi de provoquer une crise économique majeure ? Non, décidément, comme d'habitude, l'épargne des classes moyennes sera touchée de plein fouet.

Le risque monétaire : planche à billets, inflation, contrôle des changes

Il est nécessaire de bien préciser les choses concernant la création monétaire et l'inflation, car ce sont des concepts clés depuis la crise de 2008. Lorsqu'une banque fait un prêt à une entreprise, elle crée cet argent par un simple jeu d'écriture comptable. Le compte de l'entreprise est crédité du montant du prêt accordé. L'entreprise utilise cet argent pour investir et produire plus. De ce fait, la quantité de monnaie dans l'économie augmente, mais la quantité de biens également :

cette situation est « saine ». Et puis, au fur et à mesure que le prêt est remboursé, la monnaie est détruite, les biens sont vendus, et au final, il reste un gain pour les deux parties : l'entreprise s'est enrichie grâce aux bénéfices retirés de son nouvel investissement, ainsi que la banque grâce aux intérêts perçus. C'est ce qui s'appelle la croissance. Nous avons ici une équivalence entre la quantité de monnaie en circulation et la quantité de biens et de services disponibles, il n'y a donc pas de risque d'inflation. L'épargne collectée par la banque lui permet de solvabiliser son activité : avec tel montant d'épargne elle peut faire tant de crédit, parce qu'il faut une marge de sécurité, un bilan équilibré entre les ressources et les prêts.

Maintenant parlons de l'État. Si son budget est en déficit, il doit s'endetter, c'est-à-dire émettre des obligations et les vendre. Si les épargnants les acquièrent, il n'y a pas de problème (en dehors du fait qu'une partie de l'épargne se détourne de l'investissement productif pour financer le déficit public, ce qui est mauvais pour la croissance). Mais si l'épargne ne suffit plus, ou ne veut plus se porter sur les obligations du pays par manque de confiance, l'État doit, normalement, réduire drastiquement son déficit. Mais cela se passe très rarement de cette façon, car il existe une autre solution, bien plus facile : que la banque centrale acquière directement tout ou partie de ces emprunts d'État.

C'est ce à quoi nous assistons depuis la crise de 2008. La banque centrale américaine, la Fed, achète une grande partie des bons du Trésor américain ; la Banque du Japon, la Banque d'Angleterre font de même dans leur pays, tout comme la BCE en Europe dans une moindre mesure. Les banques centrales achètent également de la dette privée (des emprunts immobiliers pour la Fed) pour aider les banques. Cela se fait par un simple jeu d'écriture comptable, c'est-à-dire de la pure création monétaire, ce qu'on appelle la « planche à billets » ou la monétisation. Ce phénomène est renforcé par la baisse des taux pratiquée par les banques centrales, qui fait que le refinancement des États leur coûte de moins en moins cher et ne les incite pas à revenir à l'équilibre budgétaire… En outre, à la différence d'une entreprise, l'État ne rembourse jamais ses emprunts, sa dette ne fait qu'augmenter (2 000 milliards d'euros en France). Résultat de cette politique d'achat tous azimuts : le bilan de la Fed, de la BCE, de la Banque du Japon et de la Banque d'Angleterre équivaut à environ un tiers du PIB de leurs pays respectifs, contre moins de 10 % avant la crise de 2008 !

Toute cette création monétaire se fait sans contrepartie réelle (l'État ne produit pas de biens marchands, cet argent sert surtout à payer les salaires des fonctionnaires). Il y a donc un véritable risque d'inflation, c'est-à-dire d'un excès de monnaie par rapport aux biens et services disponibles dans l'économie. Cette inflation peut ensuite basculer en hyperinflation, c'est-à-dire en destruction pure et simple de la monnaie (comme cela s'est produit en Allemagne en 1923). Suite à des dépenses gouvernementales financées par la planche à billets, l'Argentine fait face à une forte inflation (25 % officiellement, plutôt 40 % en réalité). Le basculement dans l'hyperinflation peut rapidement survenir. Ainsi, en général on touche sa paye tous les mois, et on fait ses courses toutes les semaines. Mais si l'on se rend compte que les prix se mettent à augmenter au cours du mois, le réflexe naturel sera de faire la totalité de ses courses en une fois, dès que sa paye aura été virée sur son compte. Et si des millions de personnes font la même chose, on comprend que la vitesse de circulation de la monnaie explose. C'est à ce moment qu'un pays bascule dans l'hyperinflation, les gens se précipitent pour dépenser (se débarrasser) de leur argent, les étiquettes valsent, ceux qui détiennent des stocks attendent que les prix montent encore, les pénuries et le marché noir s'étendent. L'économie sombre, le chômage explose et les épargnants sont ruinés. Un simple événement ou une peur irrationnelle peut déclencher le passage d'une forte inflation à l'explosion des prix, et une fois que c'est parti, c'est irrattrapable (l'Argentine a déjà connu un tel épisode : 3 000 % de hausse des prix en 1989).

En Europe, aux États-Unis et au Japon, on ne note pas du tout de tension inflationniste en ce moment. Enfin, lorsque l'on parle d'inflation, il s'agit en fait de « l'indice des prix à la consommation », mesuré par les organismes statistiques nationaux, l'Insee en France. Les prix des biens de consommation peuvent difficilement augmenter car ils sont soumis à la concurrence internationale, une entreprise qui augmente trop ses prix perd immédiatement son marché. Mais il existe ce qu'on appelle de « l'inflation d'actif », ou des bulles sur l'immobilier par exemple (spécialement en France) ou les marchés actions, qui peuvent paraître largement surévalués compte tenu de l'atonie de la croissance. Bref, il n'y a pas d'inflation, c'est même la déflation qui s'avance : l'argent créé navigue entre les banques et les marchés mais n'irrigue pas l'économie (le crédit ne repart pas). Cependant, toutes ces liquidités représentent un risque inflationniste évident, qui peut se déclencher un jour, et sérieusement entamer l'épargne des ménages.

En Europe existe aussi le risque spécifique de l'euro. La « crise de l'euro » va et vient entre accès de fièvre et périodes de rémission. La faillite de la Grèce en 2010, pays qui ne pèse pourtant que 2,5 % du PIB de l'Europe, a fait vaciller l'ensemble de l'édifice. Plus tard en 2011, la hausse des taux sur les dettes italienne et espagnole, qui rendait le refinancement de ces pays impossible, provoqua un nouvel accès de panique. A-t-on trouvé des réponses à ces crises ? Pas vraiment. Les renflouements et les déluges de liquidité servent surtout à repousser les problèmes dans le temps : la Grèce est toujours insolvable et les banques européennes (surtout en Italie et en Espagne) ont reçu de la BCE 1 000 milliards d'euros de prêts à des conditions très avantageuses (les « LTRO » de décembre 2011 et février 2012) qui ont permis de faire retomber la pression. L'euro a le grave inconvénient d'amplifier les crises : un pays en difficulté met en danger tous les autres et la chute de l'Italie ou de la France le ferait exploser, une crise de la dette publique se transforme en crise bancaire et inversement. Et à chaque fois c'est l'épargnant qui peut se faire du souci pour ses économies.

Enfin, lorsqu'un pays commence à perdre le contrôle de sa monnaie, que l'inflation la ronge et que la défiance se généralise, que l'argent fuit à l'étranger, la tentation est forte, pour l'État, d'instaurer un contrôle des changes. Il devient alors impossible d'acheter des devises étrangères, d'effectuer des paiements avec un autre pays, de protéger son épargne en la virant dans un autre pays. C'est précisément ce que fait l'Argentine, qui fait face à une forte inflation. Chacun devient alors prisonnier d'une monnaie qui se dévalue et ruine son épargne.

Le risque monétaire revient donc sur le devant de la scène depuis la crise de 2008, et il se rajoute au risque bancaire proprement dit. Face à ces risques, l'épargnant peut se sentir complètement démuni, mais nous verrons que ce n'est pas tout à fait le cas.

Chapitre 3

Orange Money et M-Pesa : l'Afrique en avance sur l'Europe !

Face aux insuffisances du système bancaire actuel, notamment le fait que dans certains pays une grande part de la population en soit exclue, des réponses sont apportées par d'autres acteurs. Le développement économique et technologique ne suit pas forcément un chemin droit et balisé, il existe parfois des détours ou des raccourcis, des opportunités que des pays plus avancés n'ont pas encore saisies peuvent apparaître chez d'autres. C'est ce qui se passe en Afrique pour les services de paiement.

Un compte bancaire sans banque

Il existe des services tout à fait novateurs dont on ne parle pas en Europe, et pour cause, ils ne sont présents pour l'instant qu'en Afrique. En 2008, l'opérateur télécom Orange a lancé en Côte d'Ivoire « Orange Money ». Ce service permet de réaliser toutes les opérations bancaires traditionnelles à partir de son téléphone portable (paiement, gestion du compte courant, transfert d'argent, solutions d'épargne et d'assurance). Dans un magasin ou sur le marché, il suffit au vendeur et à l'acheteur de s'échanger un SMS pour effectuer la transaction. On peut également régler des factures d'eau ou d'électricité ainsi que des primes d'assurance. Si l'on possède un compte créditeur, on peut placer une partie de cette somme sur des produits d'épargne. L'inscription est gratuite et, pour alimenter son compte, l'utilisateur peut déposer des espèces dans un point de vente agréé, recevoir de l'argent d'un autre utilisateur par transfert ou percevoir son salaire directement sur son compte. Nul besoin d'un smartphone, un simple téléphone portable suffit.

Ce service répond à une vraie nécessité : en Afrique, un très faible pourcentage de la population détient un compte bancaire, en revanche tout le monde possède un téléphone portable, voilà la solution ! Le succès est fulgurant : en avril 2014, Orange Money a atteint le chiffre de 12 millions de clients répartis dans une dizaine de pays de l'ouest du continent, dont 3 millions en Côte d'Ivoire. Vodafone gère une initiative comparable avec M-Pesa en Afrique de l'Est, notamment au Kenya (où 90 % des adultes l'utilisent !). L'opérateur sud-africain MTN commence à étendre un service concurrent, Mobile Money, dans la quinzaine de pays africains où il est implanté. Cette technologie se développe aussi en Inde, où le taux de bancarisation s'avère également faible.

Dans ce modèle, les banques ont disparu, tout simplement. Le développement d'une infrastructure de paiement, de facturation, de transfert d'argent, de gestion du compte courant et de l'épargne se construit sans elles. Les grands opérateurs télécoms, avec leur réseau téléphonique et leurs compétences informatiques, possèdent les moyens de créer *ex nihilo* des services bancaires performants et compétitifs qui rencontrent rapidement leur public. Leur réseau est déjà amorti avec les forfaits téléphoniques, les coûts de fonctionnement sont donc faibles. Pour les banques, dont les coûts fixes sont nettement plus élevés, la possibilité de s'installer dans ces pays est quasiment nulle (sauf à se concentrer sur la clientèle haut de gamme avec la gestion privée).

Après les paiements, la banque ?

Avec 12 millions de clients et une forte croissance, 2 milliards d'euros échangés sur l'année 2013, Orange Money constitue indéniablement une réussite. L'opérateur télécom comptant 90 millions de clients mobiles en Afrique, cela fait une belle marge de progression... Il est intéressant de remarquer que des personnes disposant déjà d'un compte bancaire souscrivent à ce service. Comme l'explique le directeur d'Orange Money[1] : « Certains de nos clients ont des comptes en banque et utilisent Orange Money. Ce dont ils avaient besoin, c'est de pouvoir transférer simplement de l'argent depuis leur compte bancaire vers

1. Dépêche Ecofin, 14 octobre 2014.

leur compte Orange Money, et inversement, sans avoir à se déplacer. C'est tout l'enjeu de ce partenariat avec la Bank of Africa aujourd'hui, et certainement avec d'autres banques demain. Il est question d'étendre cet écosystème et d'offrir plus de possibilités d'utilisation d'Orange Money à nos clients, qu'ils soient bancarisés ou non. »

Mais dans cette affaire, Bank of Africa ne fait-elle pas rentrer le loup dans la bergerie ? Si les services d'Orange Money sont de meilleure qualité et moins coûteux, ses clients migreront progressivement vers l'opérateur télécom. D'autant qu'Orange envisage d'étendre ses services financiers : « Au sein de l'Union économique et monétaire ouest-africaine (UEMOA), cela pourrait se traduire par l'obtention d'une licence permettant à l'opérateur télécom d'émettre de la monnaie électronique. C'est-à-dire de gérer sans partenaire bancaire le paiement de factures ou des transferts d'argent à partir des comptes Orange Money de ses clients[1]. » Il s'agit ici de se débarrasser au maximum des intermédiaires bancaires pour être présent sur toute la chaîne de valeur des métiers de la banque.

Le déploiement en Europe commence…

Déployer un tel service en Europe, où la population est largement bancarisée, répond à une problématique différente : ce serait une véritable déclaration de guerre au secteur bancaire qui, avec ses coûts fixes

1. « Orange bientôt banquier en Afrique de l'Ouest ? », jeuneafrique.com, 13 octobre 2014.

(son réseau d'agences), aurait du mal à aligner ses tarifs. Les opérateurs télécoms n'ont pas forcément intérêt à déclencher les hostilités maintenant, alors ils jouent plus finement.

Vodafone d'abord (avec M-Pesa) commence son installation en Roumanie où, du fait de la pauvreté du pays, un tiers de la population n'a pas accès aux services bancaires (soit environ 7 millions de personnes). La problématique est la même qu'en Afrique. Nous l'avons vu plus haut, 8 % de la population de l'OCDE n'est pas bancarisée, ce qui constitue donc un marché important, à ne pas négliger. Vodafone envisage ainsi de se développer dans l'est et le centre de l'Europe, en Hongrie, en République tchèque, en Lettonie, en Pologne et en Autriche.

Orange choisit une autre voie, celle d'une alliance avec les banques, car l'objectif consiste d'abord à habituer les gens à payer avec leur mobile. Ensuite viendra peut-être le temps pour l'entreprise de diminuer sa dépendance aux banques... Cependant rien ne dit que Vodafone ne fera pas de même ni que l'opérateur français ira concurrencer l'opérateur anglais en Roumanie, mais c'est ce que nous voyons aujourd'hui, et en ce qui concerne le marché européen nous en sommes aux prémices. En l'occurrence, Orange s'est associé à l'opérateur de carte bancaire Visa pour lancer « Orange Cash » en France en 2014, d'abord dans quelques villes seulement. Il s'agit d'une application à télécharger sur son smartphone pour régler ses achats chez les commerçants ou sur Internet, en n'ayant eu à rentrer qu'une seule fois son numéro de carte bancaire.

Elle est basée sur la technologie NFC de paiement sans contact. Lors de la présentation de ce service, le 7 novembre 2013, le P.-D.G. d'Orange, Stéphane Richard, n'a pas masqué son enthousiasme : « D'ici à 2020, on estime qu'un paiement sur deux en Europe impliquera l'usage du mobile. Pour le paiement sans contact NFC, on compte déjà un million de terminaux de paiement électroniques compatibles en France, en Pologne, au Royaume-Uni et en Espagne, et 40 % des mobiles actuellement vendus par Orange en France sont d'ores et déjà compatibles NFC[1]. »

L'objectif d'Orange ne consiste donc pas à se limiter aux populations pauvres non bancarisées, ni à entrer en confrontation avec les banques en développant Orange Money, car ces mastodontes bancaires disposent de moyens financiers importants, ainsi que d'efficaces relais politiques susceptibles de leur permettre de tourner la réglementation à leur avantage. Non, la finalité consiste plutôt à accompagner le déploiement du paiement par mobile. Ensuite, lorsque ce moyen de paiement sera devenu naturel et généralisé, il sera toujours temps de court-circuiter les banques…

D'ailleurs quelques mois plus tard, en mars 2014, on apprenait qu'Orange et Ingenico (le principal fabricant de terminaux de paiement, la « machine à carte bleue ») lançaient un mini-terminal de paiement qui se connecte à un smartphone par Bluetooth, permettant aux petits commerçants et artisans d'accepter

1. « Orange, 1er opérateur français des télécoms, va-t-il devenir une banque ? », www.challenges.fr, 7 novembre 2013.

les paiements par carte bancaire (« Paiement Pro »). Si la solution classique (le terminal de paiement que l'on connaît tous) revient trop cher pour des petits volumes, désormais, avec cette solution *low cost* (quatre fois moins coûteuse selon Orange), il devient possible d'accepter le paiement par carte bancaire, même pour des montants globaux faibles. Orange fait ici le travail que devraient faire les banques, mais qu'elles dédaignent parce que ça ne leur rapporte pas assez. Elles paieront un jour très cher ce mépris.

Revenons en Afrique, et plus précisément au Botswana, où Orange a lancé, avec Visa toujours, une carte de paiement (prépayée, ce n'est pas une carte de crédit) et de retrait. Il s'agit ici d'offrir la possibilité de retirer du liquide dans un distributeur. Le cash sera toujours nécessaire, mais Orange ne veut pas s'embêter à gérer les DAB, qui coûtent très cher comme nous l'avons vu. Le partenariat avec le système bancaire se justifie alors, mais uniquement dans ce cas ; le reste (la plupart des paiements) est réalisé par le système Orange Money. Cela peut préfigurer ce qui se produira en Europe dans quelques années : des paiements mobiles, qui seront devenus prédominants, entièrement pris en charge par Orange et ses concurrents, et des accords avec les banques pour pouvoir retirer du liquide, en prenant soin de leur laisser ce centre de coût après avoir mis la main sur le « gâteau » des paiements mobiles.

D'ailleurs Orange ne s'arrête pas en si bon chemin et a également lancé un service de transfert d'argent de mobile à mobile d'un pays à l'autre (entre le Mali, le Sénégal et la Côte d'Ivoire seulement pour le moment), marchant ainsi sur les plates-bandes d'acteurs historiques comme Western Union ou Moneygram. Progressivement, Orange et d'autres grands opérateurs télécoms comme Vodafone apprennent à gérer tous les aspects du paiement et ils seront bientôt aussi compétents que les grandes banques. L'affrontement aura lieu un jour ou l'autre.

Chapitre 4

L'intérêt des monnaies complémentaires

Voici une autre réponse aux limites du système bancaire et financier actuel. Les monnaies dites complémentaires avaient quasiment disparu du paysage, elles font un retour en force depuis les années 1990, voyons pourquoi.

Nos monnaies sont des monnaies étatiques

Nous avons fini par l'oublier tant cela nous semble naturel et évident, mais l'euro, et le franc avant lui, sont des monnaies étatiques, officielles, obligatoires. C'est la seule monnaie dont nous disposons et nous n'imaginons pas en utiliser d'autres. Nos achats, notre épargne, nos impôts sont libellés en euros, et cela semble tout à fait naturel.

Mais dans de nombreux pays, le dollar circule parallèlement à la monnaie locale, et les habitants peuvent donc utiliser deux monnaies. C'est le cas, d'ailleurs quasi officiellement, en Équateur, au Salvador, au Cambodge et au Laos, et de façon plus ou moins tolérée dans d'autres pays, notamment en Amérique centrale et du Sud. Mais ce sont en général des « petits » pays, tandis que dans les grandes nations industrialisées, la monnaie est unique et personne ne la remet en cause ou n'envisage d'en utiliser d'autres. Elle a « cours légal », personne ne peut la refuser pour un paiement.

La notion de monnaie complémentaire

Une monnaie complémentaire est une monnaie qui peut être utilisée en complément de la monnaie officielle. Nul n'a obligation de faire ou de recevoir un paiement en monnaie complémentaire, il se fait uniquement si le vendeur et l'acheteur sont d'accord. La monnaie étatique garde donc toute sa prééminence, mais elle n'est plus unique. Alors à quoi sert donc une monnaie complémentaire ? Tout simplement à permettre des transactions qui ne se feraient pas dans la monnaie officielle. Expliquons ce phénomène avec la plus ancienne monnaie complémentaire encore en service, le WIR.

Le WIR (« nous » en allemand[1]) a été créé en 1934 en Suisse. La crise de 1929 frappe durement les États-Unis et elle se diffuse dans toute l'Europe, la Confédération helvétique n'y échappe pas. Les banques, dont la situa-

1. Voir le site du WIR : wir.ch.

tion se détériore, restreignent les lignes de crédit accordées aux entreprises, au risque de les pousser à la faillite. Seize entrepreneurs décident alors de se réunir pour voir comment ils pourraient sauver leurs sociétés. Constatant que l'entreprise A a besoin d'argent pour acheter des marchandises à l'entreprise B, qui elle-même a besoin d'argent pour payer son principal fournisseur, l'entreprise C, ils décident de créer un système de crédit mutuel entre eux : quand A achète chez B, A enregistre un débit et B un crédit correspondant, de même quand B achète à C, etc. Ces débits et ces crédits sont dénommés WIR, et pour simplifier les choses, il est établi que 1 WIR = 1 franc suisse. Mais dans ce nouveau système, l'argent du système bancaire ne circule plus. Ces entrepreneurs venaient de créer leur propre monnaie, ainsi que leur propre banque (la banque WIR) pour la gérer ! À l'époque, les banques suisses firent tout pour stopper ce projet, mais en vain. C'était en effet une part de leur marché qui leur échappait, des transactions sur lesquelles elles ne toucheraient plus de commission. Mais le WIR perdure et se diffuse dans toute l'économie suisse.

Aujourd'hui, une PME suisse sur cinq (soit 60 000 entreprises) adhère au système, et utilise donc le WIR en complément du franc suisse. En 2000, un économiste américain, James Stodder[1], a réalisé une étude économétrique qui reprenait tout l'historique des transactions depuis la naissance du système. Il a démontré que le volume d'activité du WIR augmente lorsque

1. James Stodder, « Reciprocal Exchange Networks: Implications for Macroeconomic Stability », Conference Proceedings, 2000, IEEE EMS, consultable sur www.ssrn.com.

l'économie suisse se trouve en récession, et baisse en période de croissance. Autrement dit, cette monnaie a un effet contracyclique. Une excellente chose, et qui ne coûte pas un franc d'argent public. Sans le WIR, des PME suisses auraient fermé leurs portes, d'autres auraient été amenées à réduire leur niveau d'activité. La monnaie officielle, notamment quand le secteur bancaire est malade, peut devenir une contrainte qui étouffe l'économie ; une autre monnaie, fonctionnant sur d'autres bases, peut alors apporter, au moins en partie, une réponse.

Des exemples de monnaies complémentaires

Voyons d'autres exemples. En France une monnaie complémentaire a acquis une certaine célébrité : le SEL, ou Système d'échange local. Les membres de ce groupe (une association dont il faut être membre) s'échangent des services ou des savoir-faire. Ici l'unité de compte est l'heure. Si l'on donne un cours particulier de mathématiques, on obtient un crédit qui permet ensuite de demander une réparation demandant une heure de travail à un plombier. Seul le temps de travail est ici pris en compte, et non son niveau de compétence supposé ou réel : une heure de cours de trigonométrie vaut une heure de tonte de pelouse. On trouve de tels systèmes également aux États-Unis (les *time dollars*), au Canada, au Japon, en Suisse, etc. Les premiers SEL sont apparus en France en 1994, on en compte aujourd'hui plus de 300. Ils se développent plutôt dans les régions enclavées et à faible niveau de revenu : l'argent manque et payer un plombier revient trop cher, alors on donne de son temps dans une compétence que l'on possède, et on peut ensuite payer la réparation. On comprend ici parfaitement comment cette monnaie complémentaire permet la réalisation de transactions qui, sinon, ne se feraient pas. Ces échanges permettent ensuite aux personnes de mieux s'intégrer dans le tissu économique, pour leur plus grand bénéfice et celui de la communauté.

Dans l'un de ses ouvrages, l'économiste anglais Nicholas Kaldor (1908-1986) glisse une remarque anodine : lorsqu'une compagnie aérienne offre des *miles* à ses clients, ne fait-elle pas de la création monétaire ? Il ne s'agit pas d'une monnaie au plein sens du terme bien sûr, le bénéficiaire ne peut pas la céder ou l'utiliser chez son marchand des quatre-saisons. Mais tout de même, il s'agit d'une forme de « quasi-monnaie ». Avec certains programmes, on peut acheter des objets ou des services (location de voiture, cinéma, etc.). On est ici à la frontière du programme de fidélisation et de la monnaie. De la même façon, lorsqu'on utilise un chèque déjeuner au restaurant ou au rayon traiteur du supermarché, on utilise aussi une quasi-monnaie. Ces transactions échappent au réseau bancaire, mais elles n'existeraient pas toutes si les paiements devaient s'effectuer en euros.

Le Japon est très actif dans le domaine des monnaies complémentaires. Citons-en deux. Le LEAF, créé par des agriculteurs de la région de Kobé, est convertible en produits agricoles (un panier de tels fruits et légumes de tel poids vaut une unité monétaire). Le WAT, qui circule dans tout l'archipel, équivaut à

1 kilowattheure d'électricité produit par des énergies renouvelables (solaire, éolien). Ces monnaies n'ont pas de parité fixe avec le yen, elles ont un cours qui évolue avec le temps, comme le blé ou le pétrole : ce sont des « monnaies matières premières ».

On connaît aussi une monnaie basée sur… ce qui n'a pas de valeur, le *gran*. Apparu dans une université brésilienne en 2004, le gran (grain en portugais) s'est étendu à d'autres établissements. Celui qui possède un objet encore en état de marche mais dont il ne veut plus, et qui n'a plus suffisamment de valeur pour être vendu, plutôt que de le jeter, peut l'apporter à l'université dans une salle dédiée. Il en retire alors 1 gran, quelle que soit sa valeur (un vieux vélo, une machine à café, un livre). Ce gran permet de retirer, sur le moment ou plus tard, un autre objet. C'est du troc amélioré (l'échange peut être décalé dans le temps si l'on ne trouve pas ce que l'on veut). Par la suite, des commerçants situés dans l'université (sandwicherie, libraire) se sont mis à accepter le gran comme moyen de paiement, au moins partiel, cette monnaie devenant ainsi également un outil de fidélisation comme les *miles*.

Au-delà de ces exemples particuliers, les monnaies complémentaires les plus répandues sont celles qui s'affichent à parité avec la monnaie officielle, comme le WIR, (1 WIR = 1 franc suisse) et sont utilisables chez tout ou partie des commerçants d'une ville ou d'une région. En Allemagne, des dizaines de monnaies sont actives ou en cours de lancement, la plus connue étant le *chiemgauer*, du nom de cette région de Bavière qui l'utilise : lancée en 2003, elle est acceptée par plus de 600 commerçants et a déjà circulé à hauteur de plusieurs millions. En Belgique, le RES circule surtout en Flandre depuis 1996 et réunit plus de 5 000 commerçants et PME, et 100 000 particuliers[1]. Le RES est à la fois une monnaie inter-entreprises, comme le WIR, et une monnaie ouverte aux particuliers, comme le chiemgauer. En France, plusieurs projets locaux apparaissent : l'eusko dans le Pays basque, le déodat à Saint-Dié-des-Vosges, l'abeille à Villeneuve-sur-Lot, l'occitan à Pézenas, la muse à Angers, l'héol à Brest, la sardine à Concarneau, la mesure à Romans-sur-Isère, etc.[2]. À chaque fois, une unité de ces monnaies égale un euro, par souci de simplicité. On compte plus de 5 000 monnaies complémentaires à travers le monde[3], contre seulement quelques-unes au début des années 1990. Nous vivons l'époque de l'avènement des monnaies complémentaires.

Des caractéristiques particulières

À partir de ces différents exemples, on peut lister les principales caractéristiques des monnaies complémentaires :

1) Une monnaie complémentaire est créée et gérée par une structure *ad hoc*, une association (la banque WIR par exemple). Nous sommes donc en dehors du circuit bancaire traditionnel.

1. Voir le site resplus.be.
2. Le site monnaie-locale-complementaire.net recense les projets français.
3. Le site complementarycurrency.org recense les monnaies complémentaires dans le monde.

2) Contrairement à la monnaie étatique, le pouvoir libératoire des monnaies complémentaires n'est jamais obligatoire, chaque participant est libre de les refuser comme moyen de paiement (parce qu'il estime en posséder assez pour ses besoins futurs, ou pour n'importe quelle autre raison), et donc d'encaisser de préférence des euros. Il peut aussi facilement les échanger (les revendre) contre de la monnaie officielle auprès de la banque qui gère cette monnaie. Cette liberté permet le parfait ajustement de la masse monétaire aux besoins de chacun, ni plus ni moins. C'est uniquement si les deux cocontractants le souhaitent que la transaction s'effectue en monnaie complémentaire.

3) Une monnaie complémentaire a pour référence, le plus souvent, la monnaie officielle (1 WIR = 1 franc suisse, 1 chiemgauer ou 1 occitan = 1 euro), plus rarement le temps (les SEL) ou une matière première (l'électricité pour le WAT, des produits agricoles pour le LEAF).

4) Une monnaie complémentaire ne rapporte pas d'intérêts, il n'y a aucune raison de l'épargner, et certaines sont même « fondantes », c'est-à-dire qu'elles perdent de l'ordre de 1 à 2 % de leur valeur par mois. Ces monnaies sont faites pour circuler, pour faciliter les échanges (c'est leur raison d'être), pas pour être thésaurisées.

5) Chaque unité de monnaie complémentaire correspond à une transaction réelle (un WIR est créé uniquement à partir du moment où une marchandise est échangée, un WAT quand un kWh est fabriqué, une unité de SEL quand un service a été rendu). Autrement

dit, il n'y a pas de création monétaire *ex nihilo* (ce serait considéré comme une fraude et le système s'écroulerait), il n'y a pas de « planche à billets ». Voici une différence fondamentale par rapport aux monnaies étatiques et au « risque monétaire » que nous avons vu plus haut, à ces banques centrales qui usent et abusent de la création monétaire, qui accroissent le montant des liquidités en circulation, au risque de déstabiliser l'ensemble du système financier.

On voit, derrière ces caractéristiques techniques, que la création d'une monnaie complémentaire recouvre une dimension communautaire, une volonté de se réapproprier les échanges économiques et la circulation monétaire, de favoriser l'activité locale avec une monnaie « saine » (sans planche à billets). L'absence de taux d'intérêt indique aussi clairement que ce n'est pas de l'accumulation d'argent que viendra la richesse mais du travail. L'économie réelle marque ainsi clairement sa primauté sur une vision purement financière.

UNE RÉPONSE À LA CRISE

Les monnaies complémentaires constituent – en partie – une réponse aux risques bancaires (faillite) et monétaire (inflation), que nous avons vus plus haut. C'est à la suite de crises majeures qu'apparaissent les monnaies complémentaires. Elles se manifestent ainsi comme une réponse concrète, « qui vient d'en bas », face aux errements des dirigeants et de la haute finance. Si le WIR est né en 1934, après la crise de 1929, beaucoup d'autres monnaies sont apparues à la même époque : en Allemagne (le wara, basé sur le charbon, à Schwanenkirchen), en Autriche, en France (le valor, interdit en 1935) ou encore aux États-Unis, mais elles ont été interdites, le lobby bancaire l'ayant emporté ; le WIR est la seule rescapée. Au Japon, les monnaies complémentaires apparaissent après l'éclatement de la bulle spéculative immobilière et boursière du début des années 1990. Les crises financières au Brésil (1998) et en Argentine (2000) donnent lieu à l'éclosion de monnaies complémentaires dans ces pays. Le bitcoin (nous allons y revenir) naît en janvier 2009, peu de temps après le krach de septembre 2008.

La concomitance entre crise et monnaies complémentaires se comprend aisément : l'argent manque, les banques, en difficulté, diminuent leurs facilités de financement, les entreprises et les particuliers sont pris à la gorge, et naît alors l'idée : puisque l'argent manque, créons une autre monnaie ! On constate à chaque fois que ces nouvelles monnaies permettent la réalisation d'échanges qui ne se seraient pas produits avec la monnaie étatique. On comprend aussi que les monnaies complémentaires n'ont pas vocation à remplacer la monnaie officielle, mais à trouver sa place en complément de celle-ci.

Des sources théoriques éclectiques

Quelles sont les sources théoriques des monnaies complémentaires ? Il est intéressant de noter qu'il en existe deux fondamentales, provenant d'univers très différents, presque opposés. Le premier théoricien moderne à en parler est l'allemand Silvio Gesell (1862-1930), qui en développe l'idée dans son ouvrage majeur, *L'Ordre économique naturel* (1916). Il y défend la monnaie fondante, qui perd de sa valeur tous les mois (soit un taux d'intérêt négatif). À Munich en 1918, il prend part aux événements révolutionnaires et est nommé commissaire aux Finances dans l'éphémère gouvernement insurrectionnel ; jugé pour haute trahison, il sera finalement acquitté. Après l'extrême gauche révolutionnaire, on bascule dans l'école libérale. Friedrich Hayek (1899-1992), prix Nobel d'économie en 1974, consacre l'un de ses derniers ouvrages à défendre les monnaies privées. Dans *La Dénationalisation de la monnaie*, publié en 1976, il prend le problème par l'autre bout, si l'on peut dire, puisqu'il propose de supprimer purement et simplement le monopole étatique de la monnaie, de supprimer la banque centrale et de permettre à toute banque privée d'émettre de la monnaie. Il n'y aurait en quelque sorte que des monnaies complémentaires. Il importe selon lui de soustraire la monnaie à l'État, parce que celui-ci est toujours tenté de la manipuler, pour la confier entièrement au secteur privé. La concurrence des monnaies est seule apte à garantir l'efficacité des transactions et la lutte contre l'inflation, fléau majeur qui finit par détruire la monnaie.

Les idées de Gesell n'essaimeront pas dans son camp, ni celles de Hayek dans le sien, à de rares exceptions près. Aujourd'hui, on trouve sur tout l'arc politique et de la pensée économique des personnalités qui défendent les monnaies complémentaires, mais elles restent marginales. Cela s'explique : la monnaie unique étatique est le point aveugle de la pensée monétaire, elle est devenue une telle évidence que plus personne ne la remet en cause. On pourrait trouver comme point commun aux personnalités qui défendent les monnaies complémentaires une méfiance vis-à-vis de l'État et la défense résolue des libertés individuelles et concrètes.

De nos jours, c'est Bernard Lietaer qui propose les analyses les plus stimulantes dans ce domaine. Haut fonctionnaire passé par la Banque nationale de Belgique, associé à la fondation de l'ECU, l'ancêtre de l'euro, également trader et gérant de fonds, Bernard Lietaer est l'un des grands spécialistes des questions monétaires. Son livre le plus connu, *The Future of Money* (2002), a été traduit dans dix-huit langues.

Face à la crise de 2008, il a publié un livre blanc[1] qui résume ses idées principales. Son approche fait appel aux notions de réseau, de système complexe, de thermodynamique, de théorie de l'information, en opposition aux acteurs rationnels et à la mécanique newtonienne de la théorie économique usuelle (l'école néoclassique notamment). S'inscrivant dans la théorie de l'auto-organisation, il reprend l'idée qu'un système doit arbitrer entre l'efficacité et l'optimisation d'un côté, et de l'autre la stabilité et la résilience. L'objectif est que le système ne choisisse pas « un maximum d'efficacité, mais un équilibre optimal entre les deux pôles opposés d'efficacité et de résilience. […] Trop d'efficacité mène à la fragilité, et trop de résilience mène à la stagnation », explique-t-il. Pour que notre système financier

1. Bernard Lietaer *et al.*, *Toutes les options pour gérer une crise bancaire systémique*, novembre 2008, téléchargeable sur son site www.lietaer.com.

ait une « durabilité » maximale, il faut viser ce qu'il appelle une « fenêtre de viabilité » entre l'efficacité et la résilience.

Lietaer invoque la réussite de la nature quant à sa permanence, et dont il faudrait s'inspirer, pour déplorer la fragilité de notre économie : « La nature a sélectionné au cours de milliards d'années les conditions sous lesquelles les écosystèmes complexes sont durables, sinon ils n'existeraient pas aujourd'hui. Par contraste, l'humanité se bat encore aujourd'hui avec la question de la création d'économies durables. » Alors comment introduire de la « résilience » dans notre système financier ou, posons la question autrement, comment introduire la redondance dans la monnaie ? C'est très simple : en autorisant et en encourageant plusieurs monnaies à circuler.

Lorsqu'il décrit l'économie comme un réseau, Bernard Lietaer parle de l'argent comme d'un « connecteur » : chaque opération se traduit par un flux monétaire, et si celui-ci vient à se tarir, tout le monde en souffre, d'où l'utilité d'alternatives. La seule réponse qu'apportent les États à cette crise du financement consiste à faire tourner la planche à billets, mais cet argent n'arrive jamais à ceux qui en ont réellement besoin. Il provoque au contraire des bulles d'actifs, ou s'investit dans des bons d'État (la machine tourne alors en rond), avant de provoquer une prévisible vague d'hyperinflation qui ruinera tout le monde ; ce n'est évidemment pas la solution.

Ces nouvelles monnaies complémentaires ne reproduisent pas les erreurs des monnaies étatiques : pas de création monétaire *ex nihilo*, le crédit provient de l'argent existant, point. Résultat : ni bulle, ni inflation, ni faillite des banques chargées de les faire fonctionner. Depuis sa naissance, le WIR n'a connu aucune crise. Les monnaies complémentaires n'offrent jamais d'intérêt, et certaines sont mêmes « fondantes », nous l'avons vu, c'est-à-dire affectées d'un taux d'intérêt négatif, pour décourager toute thésaurisation. « Le contraire du taux d'intérêt est ce que l'on pourrait appeler ici la prime à la circulation de la monnaie », précise justement Lietaer. Ces monnaies de type crédit mutuel ne rapportent pas d'intérêts du fait que ce sont les participants qui la créent au moment où une transaction est conclue (ce qui au passage élimine tout risque de création monétaire sans contrepartie, un risque récurrent des monnaies officielles). La monnaie est en permanence basée sur des transactions réelles, il n'y a pas de crédit en fonction de recettes futures prévues mais hypothétiques, donc susceptibles d'augmenter la masse monétaire plus que la production de biens réels, et ainsi de créer de l'inflation. Il n'y a pas non plus concurrence pour accéder à une ressource rare (la monnaie est disponible à partir du moment où la transaction se réalise) mais plutôt coopération.

Une idée ancestrale qui redevient d'actualité

Lorsque l'on regarde l'histoire sur la longue durée, les monnaies complémentaires représentent en réalité la norme : de Charlemagne à Napoléon, sur mille ans, elles existaient partout et jouaient un rôle crucial dans l'économie européenne. Les monnaies en métal précieux (or, argent), émises par le pouvoir royal, étaient essentiellement utilisées pour les échanges lointains, tandis que les monnaies en cuivre ou en billon (alliage de cuivre et d'argent), frappées du sceau de l'autorité locale, servaient au commerce local.

C'est la mise en place de l'étalon-or au XIXe siècle qui fera disparaître toutes ces monnaies, non pas parce qu'elles étaient moins efficaces, ou progressivement abandonnées, mais par la volonté du pouvoir central de les éliminer pour faire place nette (cette époque coïncide d'ailleurs avec la naissance de l'État-nation moderne).

L'hégémonie des monnaies étatiques correspond au développement des États-nations, tandis que celle des monnaies internationales (le dollar, après la livre sterling avant-guerre, l'euro qui tente de prendre sa place, le yen) répond à des stratégies de puissance régionales ou mondiales. À cela s'ajoute la concentration de la finance dans quelques grands centres (Londres, New York, Chicago, Tokyo). Face à cette concentration de plus en plus forte, qui fragilise l'édifice entier, les monnaies locales jouent en sens inverse, ce qui est en soi positif.

Nous sommes sans doute en train de sortir de cette parenthèse de la monnaie officielle unique et de revenir à la « norme » historique. Cette idée correspond à notre temps : avec la puissance informatique et Internet, il devient facile de créer et de gérer une monnaie complémentaire. On peut même dire, comme en témoigne l'émergence des monnaies numériques, que l'âge de l'information a déjà rompu le monopole des monnaies officielles.

Amazon crée sa monnaie !

S'il fallait une preuve que les monnaies complémentaires sont une idée d'avenir, c'est l'un des géants de l'Internet mondial qui l'apporte. Les monnaies complémentaires sont locales pour la plupart, sauf exception (le WIR suisse ou le WAT japonais sont nationaux, les *miles* internationaux), et elles représentent des volumes de transaction assez faibles. Elles ont un côté exotique, marginal, même si leur nombre (plus de 5 000) fait masse et que leur croissance impressionne. Mais leur destin ne se limite pas à cette confidentialité, des projets très importants peuvent apparaître.

C'est le cas de celui d'Amazon, un des leaders de l'Internet mondial. L'entreprise américaine de commerce électronique a créé, en février 2013, sa propre monnaie complémentaire, l'Amazon Coin. Et elle a vu les choses en grand : la société a levé 3 milliards de dollars sur les marchés (sous forme d'obligations) et les a convertis dans sa nouvelle monnaie (1 Amazon Coin = 1 cent, un centime de dollar). Quelle en est la finalité première ? Chaque acheteur d'une tablette de la marque, un « Kindle », se voit remettre gracieusement 500 Amazon Coins (soit 5 dollars) avec lesquels il peut acheter des applications. Il s'agit ici pour Amazon de rattraper son retard sur Apple et Android en incitant financièrement les concepteurs d'applications à les adapter à ses tablettes (ceux-ci peuvent ensuite revendre ces Amazon Coins contre des vrais dollars). C'est une sorte de bon d'achat. Le service a été lancé en Europe un an plus tard (sur la base de 1 Amazon Coin = 1 centime d'euro).

Pour l'instant, cette nouvelle monnaie ne peut servir qu'à acheter des applications, mais on peut imaginer qu'Amazon étendra progressivement l'utilisation de sa monnaie à l'ensemble de ses produits et de ses vendeurs, ce qui constituera un excellent moyen de fidéliser ses clients et de diminuer les « fuites » que représentent les frais de transaction par carte bancaire (dans l'écosystème Amazon, les frais bancaires c'est de l'argent qui disparaît).

Chapitre 5

Le bitcoin, la monnaie complémentaire pour tous

Même si on compte plus de 5 000 monnaies complémentaires dans le monde, et que ce chiffre augmente, le nombre de personnes qui les utilise demeure restreint, surtout si on met les *miles* des compagnies aériennes à part. Le phénomène, lui, est de plus en plus connu, mais ceux qui seraient disposés à l'essayer se rendent vite compte qu'ils n'en ont pas à portée de main. Quant à en créer une, cela relève tout de même d'un mécanisme complexe.

Quant aux personnes qui utilisent effectivement une monnaie complémentaire, elles constatent qu'elle n'est utilisable que localement et qu'il n'est pas possible de commercer avec une personne d'une autre ville même si elle possède sa monnaie locale, car les deux monnaies ne sont pas convertibles. Très peu de monnaies complémentaires, à l'instar du WIR ou du WAT, circulent dans l'ensemble d'un pays. Autre inconvénient, très peu d'entre elles sont acceptées sur Internet.

Le développement de monnaies complémentaires sur le modèle actuel ne peut pas suffire à répondre à la demande, à permettre à chacun d'avoir une alternative à sa monnaie officielle. C'est ici qu'intervient le bitcoin, né en janvier 2009. Voici en effet une monnaie électronique et universelle : il suffit d'avoir une connexion Internet pour y avoir accès, et elle est valable dans le monde entier.

Un fonctionnement en réseau décentralisé

Il n'est pas aisé de comprendre comment fonctionne le bitcoin, parce qu'il circule sur un réseau dans lequel il n'y a pas d'autorité centrale, où personne n'a prééminence. Prenons les choses pas à pas.

L'argent électronique existe depuis longtemps, chacun le connaît, nous l'utilisons tous les jours avec notre carte bancaire. Quand nous achetons un produit 15 euros chez un commerçant, notre compte bancaire est débité de 15 euros et celui du commerçant crédité de la même somme (moins les frais bancaires). Les banques (ou la banque si nous et le commerçant avons la même) sont « l'autorité » qui centralise et valide les transactions, en garde la trace, et arbitre en cas de conflit. On a affaire ici à un système hiérarchisé (les banques, au-dessus, et les clients).

Avec le développement d'Internet est apparue une culture différente, fonctionnant en réseau plutôt que de façon hiérarchique. Un réseau peut fonctionner de façon hiérarchique, autour d'un nœud central où toutes les informations doivent passer avant d'aller ailleurs (le TGV en France centré autour de Paris, le système de paiement par carte avec les banques), mais il peut aussi être totalement décentralisé, les informations ne devant pas revenir à un serveur unique mais pouvant passer d'un nœud à l'autre, de proche en proche, « de pair à pair », en anglais *peer to peer* abrégé P2P. Il n'y a plus un nœud centralisant toute l'information mais un maillage fin laissant passer toutes les informations.

D'ailleurs Internet fonctionne de cette façon, il est totalement décentralisé. C'est normal, il a été conçu pour cela : dans les années 1960 aux États-Unis, le Pentagone s'était rendu compte qu'en cas de guerre nucléaire, le réseau téléphonique deviendrait inutilisable car les centraux téléphoniques étant situés dans les villes, ils seraient détruits avec elles. Le système de commandement ne pourrait donc plus fonctionner, ce qui serait évidemment catastrophique. Les militaires ont donc demandé à des informaticiens de concevoir un système de transmission décentralisé, dans lequel les « paquets d'information » pourraient transiter de proche en proche, et même modifier leur chemin en cas de destruction d'une partie du réseau, en allant au plus vite. C'était Arpanet, l'ancêtre d'Internet.

Cette culture décentralisée et non hiérarchique fait partie de « l'ADN » d'Internet et elle est revendiquée par une partie importante de la communauté des développeurs. Prenons l'exemple des encyclopédies : pour l'ancestrale *Britannica*, un comité scientifique peut trancher et dire « pour tel article, nous écrirons telle chose ». Pour Wikipédia, il n'existe pas d'autorité centrale possédant ce pouvoir, les contributeurs doivent parvenir à un accord. Idem dans le milieu du logiciel libre où personne ne peut imposer une fonctionnalité donnée, alors que les patrons de Microsoft ou d'Oracle peuvent imposer une décision. Ce milieu collaboratif et ouvert favorise l'innovation : les imprimantes 3D sont nées dans cet écosystème où les trouvailles sont communiquées plutôt que brevetées, où chacun peut lancer une idée, où des outils (forums, gestion de projet) permettent de gérer l'information en toute transparence, sans passer par un filtre hiérarchique.

Pendant longtemps, ce milieu alternatif s'est demandé : « Comment pourrions-nous faire fonctionner une monnaie sur ce modèle ? », c'est-à-dire sans une banque qui valide et enregistre les transactions. Comment faire circuler une monnaie dans un réseau décentralisé, c'est-à-dire où personne ne possède le pouvoir de dire « Pierre a effectivement versé telle somme à Alice », où il n'existe pas d'autorité, de tiers de confiance, d'arbitre ?

Dans le monde réel, cela pourrait être mis en œuvre assez facilement, avec un objet que l'on connaît bien : le billet de banque. Un groupe de personnes pourrait tout à fait décider d'imprimer une quantité donnée de billets infalsifiables, détruire les presses pour que personne ne puisse en fabriquer de nouveaux, et se les distribuer. Ensuite le système fonctionne tout seul : quand j'utilise un billet… je ne l'ai plus, et celui qui le reçoit en devient le propriétaire, les débits et les crédits se gèrent naturellement, nul besoin qu'une banque contrôle tout cela dans ses livres de comptes. Mais sur Internet ça ne marche pas : la notion de « billet numérique infalsifiable » n'a tout simplement pas de sens parce que la duplication est consubstantielle au monde numérique (quand vous envoyez une photo par mail en pièce jointe, vous l'avez encore sur votre ordinateur).

Pour bien comprendre, transposons ce problème dans le monde réel : nous allons créer une monnaie et les billets seront de simples feuilles de bristol blanches, que n'importe qui peut acheter dans le commerce (c'est-à-dire « dupliquer »). Personne n'y croira ! Personne ne pourrait avoir confiance dans une telle monnaie si aisément falsifiable ! Mais posons le problème à l'envers : que devrions-nous rajouter comme information sur ces feuilles de bristol pour que le système fonctionne ? Deux choses :

1) Ces bristols sont numérotés, et sur ceux que je possède, j'appose ma signature. Quand j'utilise l'un d'entre eux pour acheter un objet à quelqu'un, celui-ci en devient propriétaire et y appose à son tour sa signature, et ainsi de suite. Mais cette règle ne suffit pas, un petit groupe d'utilisateurs pourrait acheter des bristols, se les échanger et donc y apposer leurs signatures, puis les remettre dans le circuit… Il faut donc en plus que :

2) L'information concernant tous les bristols en circulation, c'est-à-dire le fait que le bristol portant tel numéro est passé de telle personne à telle autre (autrement dit le livre des comptes), soit publique. Les mouvements des bristols d'une personne à l'autre,

c'est-à-dire l'ensemble des transactions, sont librement consultables par tous les participants. Ainsi, quand quelqu'un reçoit un bristol en paiement, il peut vérifier sur un grand tableau fixé au mur à la vue de tous que ce bristol est bien référencé et que la suite des signatures qui s'y trouvent correspond bien à celle écrite sur ce grand livre des comptes. De cette façon l'introduction de fausse monnaie est impossible, et les débits/crédits sont parfaitement enregistrés et infalsifiables.

C'est ainsi que fonctionne le bitcoin.

Sur Internet, les signatures sont électroniques bien sûr, et elles ne correspondant pas à un nom de personne mais à un numéro de compte. D'autre part, le « grand tableau fixé au mur » regroupant l'ensemble des transactions, le livre des comptes, est une base de données accessible et partagée par l'ensemble des participants (c'est la base de données des transactions).

Ainsi, chaque bitcoin (ou fraction de bitcoin) est « tracé » depuis le début à partir de ses propriétaires successifs, et cette information est publique. C'est ainsi que cette monnaie circule. On passe d'un système hiérarchique, synchronique, vertical, celui des banques, à une dimension historique, temporelle, diachronique, horizontale, avec cette monnaie « peer to peer ». Quand il n'y a pas d'instance supérieure chargée du contrôle, la seule façon de faire circuler une monnaie électronique sur un réseau décentralisé consiste à suivre chaque unité monétaire depuis le début.

Mais d'où viennent les bitcoins, et qui se charge de vérifier les transactions ? Ces deux aspects sont liés :

un certain nombre de participants du réseau se chargent de valider les transactions (c'est-à-dire de vérifier la conformité des signatures et des bitcoins transférés avec les informations de la base de données). Les transactions ne sont pas validées une par une mais par groupe, on parle de « bloc de transactions ». Ils ne font pas ce travail à la main, devant leur écran en cochant des cases, mais font tourner des programmes informatiques 24 heures sur 24 sur des ordinateurs surpuissants qu'ils ont achetés exprès. Ils sont en concurrence et le premier qui réussit à valider un bloc de transactions… est récompensé en bitcoins ! Voilà comment le système fonctionne, se boucle sur lui-même : ceux qui sont chargés de veiller à son bon fonctionnement ne le font pas par bénévolat ou par mécénat, ils sont financièrement intéressés ! Ils investissent dans du matériel informatique, payent des factures élevées d'électricité, mais au final ils gagnent de l'argent. On les appelle les « mineurs », ceux qui creusent, informatiquement parlant, pour trouver de l'or, enfin de la monnaie numérique. Le réseau bitcoin est donc parfaitement autonome.

Une création monétaire contrôlée et limitée

Un dernier élément fondamental est à prendre en compte pour bien comprendre la particularité de cette monnaie : il n'y aura jamais plus de 21 millions de bitcoins en circulation. Leur nombre augmente progressivement (un peu plus de 13 millions fin 2014), mais il atteindra un plafond de 21 millions qu'il ne dépassera jamais (il ne l'atteindra pas, il s'agit d'une limite).

Les mineurs sont récompensés en bitcoins, nous l'avons vu plus haut. Mais cette récompense est divisée par deux tous les quatre ans. Du 3 janvier 2009 (date de la première transaction) au 3 janvier 2013, la récompense pour la validation d'un bloc de transactions était de 50 bitcoins. Depuis elle est passée à 25, en 2017 elle passera à 12,5, en 2021 à 6,25 et ainsi de suite en étant divisée par deux tous les quatre ans. Ce mécanisme fait partie de l'algorithme, il ne peut pas être modifié. De la sorte, on peut calculer que le nombre total de bitcoins en circulation ne pourra jamais dépasser 21 millions.

Avant de poursuivre, revenons sur les mineurs : quelle sera leur motivation si leur récompense diminue progressivement ? Tout d'abord, ils ne touchent pas que 25 bitcoins (aujourd'hui), mais également les frais associés à chaque transaction du bloc. En effet pour chaque transaction des frais sont nécessaires (ils sont minimes par rapport à tout autre moyen de paiement, mais pas nuls). D'autre part, la valeur des bitcoins augmente avec le temps, de façon certes chaotique mais tout de même. En 2009 un bitcoin valait quelques centimes, et dans les 400 euros fin 2014. Les mineurs touchent donc une récompense qui diminue avec les années, ainsi que des frais de transaction, et ces bitcoins voient leur cours progresser avec le temps. Au final, financièrement, ils s'y retrouvent.

Précisons que le fait que le nombre de bitcoins ne puisse pas dépasser 21 millions ne constitue aucunement une limitation, car le bitcoin est divisible à l'infini (actuellement chaque bitcoin est divisible jusqu'à la 8e décimale). Il y aura toujours assez de bitcoins pour effectuer des transactions, même s'il connaît un succès public et international, on parlera de millièmes ou de millionièmes de bitcoins ; mais son cours aura dû augmenter en proportion. C'est comme si l'on déplorait qu'il n'existe que, selon les estimations, 160 000 tonnes d'or dans le monde (on en extrait environ 2 000 tonnes par an) ; ce n'est pas en soi un problème, tout dépend du cours de l'or.

On comprend ainsi que le bitcoin est une « monnaie-matière première » une monnaie dont la création monétaire est strictement contrôlée, tendant vers un chiffre fixe, sur un rythme connu à l'avance. On se rapproche beaucoup de l'or dans le principe. On est ici aux antipodes de nos monnaies papier actuelles, dont la masse enfle au gré des circonstances, soi-disant pour soutenir l'économie, en fait surtout pour permettre encore plus d'accumulation de dettes, publiques et privées. Le bitcoin c'est un peu de « l'or numérique ».

Cette notion de « monnaie-matière première », c'est-à-dire d'une matière première, d'un métal précieux (l'or ou l'argent principalement) qui sert de monnaie, vient de l'école autrichienne, dont Friedrich Hayek est le représentant le plus connu. Quand la monnaie est une matière première, on ne peut pas la fabriquer *ex nihilo*, on ne peut pas l'imprimer comme des billets de banque, au risque de créer de l'inflation. L'étalon-or empêche les banques centrales de faire tourner la planche à billets. De la même façon, avec le bitcoin il n'y aura jamais de planche à billets, le chiffre de 21 millions constitue une limite et c'est terminé.

UNE INVENTION QUI RÉSOUT PLUSIEURS PROBLÈMES À LA FOIS

Le bitcoin est, pourrait-on dire, une monnaie complémentaire « chimiquement pure » : elle est universelle, accessible à tous (il suffit d'une connexion Internet), sous le contrôle d'aucun État ou entreprise, totalement indépendante du système bancaire, autorégulée, sécurisée et à la création monétaire contrôlée et limitée. Le bitcoin résout également d'un coup tous les problèmes liés à une monnaie-matière première : authenticité des transactions, instantanéité des échanges, divisibilité, homogénéité, stockage. On peut effectuer un paiement à l'autre bout de la planète instantanément, alors qu'envoyer de l'or est long et coûteux (ou alors la banque détenant l'or peut envoyer un ordre électronique, mais ce n'est plus la même chose, il faut se reposer sur la confiance que l'on accorde à cette banque). Depuis le début aucun faux bitcoin n'a circulé sur le réseau.

Le bitcoin est au croisement de plusieurs écoles de pensée, de natures très différentes :

- l'école autrichienne, qui défend l'étalon-or, et critique les banques centrales toujours enclines à faire tourner la planche à billets ;
- des auteurs qui soulignent l'importance essentielle des contre-pouvoirs et de la décentralisation des institutions, la méfiance vis-à-vis d'un pouvoir

central, et auxquels on peut rattacher aujourd'hui les libertariens ou les mouvements libertaires ;

- les tenants du logiciel libre, c'est-à-dire un code programme ouvert à tous, dont aucune entreprise ou institution n'est propriétaire.

D'ailleurs, qui a eu l'idée du bitcoin ? En fait on ne sait pas. Un dénommé Satoshi Nakamoto s'est fait connaître comme le premier à avoir publié un article de recherche sur le sujet, et à avoir initié le réseau avec la première transaction (le 3 janvier 2009). Mais il s'agit d'un pseudonyme, et désormais il ne communique plus avec personne, alors que jusqu'à une date récente, certains des pionniers échangeaient des mails avec lui. Au fond, c'est certainement mieux ainsi, personne ne peut, ne serait-ce qu'en termes d'image, s'approprier le bitcoin, qui garde ainsi sa dimension de pur réseau décentralisé, sans même une « personnalité » qui pourrait y jouer un rôle central, ne serait-ce qu'en termes de notoriété.

Revenons sur plusieurs aspects fondamentaux du bitcoin[1]. Et d'abord sur ce qui fonde son intégrité : la totalité des transactions en bitcoins depuis que ceux-ci existent, c'est-à-dire janvier 2009, est disponible pour l'ensemble du réseau, c'est une donnée publique. Un nouvel intervenant qui veut participer au réseau, pour acheter et vendre des bitcoins, doit télécharger l'application.

Revenons aussi sur la signature électronique. Celle-ci permet deux choses : authentifier l'émetteur du message,

1. Pour les aspects techniques on se reportera au livre de Pierre Noizat, *Bitcoin Book*.

et contrôler l'intégrité de ce message (vérifier qu'il n'a pas été modifié). La signature électronique n'est devenue possible qu'avec la cryptographie asymétrique, qui est fondée sur l'existence de fonctions mathématiques à sens unique. Le message « passe à la moulinette » d'une fonction mathématique. Ce nouveau message crypté est envoyé au destinataire, mais il est impossible d'inverser la fonction pour retrouver le message d'origine… à moins de posséder une information particulière tenue secrète. La première fonction est appelée « clé publique », et la seconde, tenue secrète, qui permet de décrypter le message, est appelée « clé privée ». C'est de cette façon que fonctionnent les signatures électroniques. Ainsi, l'expéditeur utilise la clé publique du destinataire pour coder un message que seul le destinataire (en possession de sa clé privée) peut décoder, garantissant la confidentialité du contenu.

Une adresse bitcoin est un compte qui permet de recevoir, stocker et envoyer des bitcoins. On peut la comparer à un numéro de compte bancaire. Une transaction indique le montant versé à une autre adresse bitcoin. Mais cette transaction intègre aussi la transaction précédente, qui elle même intègre la transaction précédente etc. jusqu'au début, c'est-à-dire jusqu'à la création des bitcoins nécessaires à la transaction (nous avons dit plus haut que chaque bitcoin est tracé depuis le début). On justifie que les fonds nécessaires sont bien possédés.

Cette transaction circule en clair sur le réseau, le livre des comptes est public et partagé, nous l'avons dit, et des sites comme blockchain.info ou blockexplorer.com donnent en direct les transactions qui apparaissent sur le réseau. Mais l'anonymat des intervenants est garanti par leurs adresses bitcoin, qui sont une suite de caractères dénuée de sens (comme un numéro de compte bancaire). La transaction est publique mais l'adresse bitcoin est protégée, grâce aux procédés cryptographiques (clé publique/clé privée). Il faut bien garder sa clé privée et ne pas la perdre, elle seule permet d'accéder à ses bitcoins et de les dépenser. Une transaction est donc concrètement un message qui comprend le numéro d'identification de la transaction précédente, le montant, la clé publique correspondant à l'adresse bitcoin de l'émetteur, la signature du message par la clé privée de l'émetteur, et l'adresse bitcoin du destinataire. Cette transaction est sécurisée par un système de clés (la clé privée doit correspondre à la clé publique avec laquelle a été créée l'adresse bitcoin en sortie de la transaction précédente). Le couple adresse bitcoin/clé privée peut être compris par analogie comme un coffre bancaire muni de sa clé : l'adresse bitcoin représente l'adresse de la salle des coffres et le numéro de coffre, tandis que la clé privée permet d'ouvrir le coffre.

Mais ensuite, comment vérifier que cette transaction est bien réelle, et qu'il ne s'agit pas d'un message fabriqué de toutes pièces, ou une tentative d'effectuer le même versement de bitcoins à deux personnes différentes ? La transaction doit pour cela être validée. Lorsqu'une nouvelle transaction est reçue sur le réseau bitcoin, elle n'est pas considérée comme valide tout de suite. Elle est incorporée dans ce qu'on appelle un « bloc de transactions ». Un bloc n'est pas une simple liste de transactions, il est lui-même crypté, et il contient également l'empreinte du bloc précédent (c'est-à-dire le bloc crypté, passé à la moulinette d'une fonction non inversable), et ainsi de suite, suivant en cela la logique des transactions elles-mêmes. Tous ces blocs imbriqués rendent impossible la moindre modification d'une transaction sans invalider le bloc et tous les blocs suivants. Ensuite les mineurs vont se charger de valider ces transactions (les bitcoins versés au destinataire proviennent bien de transactions antérieures, correspondance entre la clé publique et l'adresse bitcoin, etc.), puis d'inscrire le bloc regroupant ces transactions dans la base de données. Au final, les transactions sont liées entre elles dans une chaîne chronologique par un mécanisme sophistiqué de signatures numériques. Puisque aucune transaction ne peut être retranchée ni ajoutée sans avoir été vérifiée par l'ensemble du réseau, la propriété de chaque bitcoin est établie avec certitude.

Le premier mineur à avoir validé ce bloc de transaction touche 25 bitcoins. Ces bitcoins ne proviennent pas d'une transaction antérieure, il s'agit donc de création monétaire. Une particularité à noter est que la validation d'un bloc se fait à travers une « preuve de calcul » dont le niveau de difficulté est modulé. Résultat, toutes les dix minutes environ un bloc est validé, et le niveau de difficulté de la preuve de calcul est ajusté tous les 2 016 blocs, soit toutes les deux semaines, pour rester autour de ces dix minutes (autrement dit 25 bitcoins sont créés toutes les 10 minutes sur le réseau).

La sécurité du bitcoin

La sécurisation du bitcoin (le système clé publique/clé privée) repose sur des algorithmes cryptographiques : ECDSA, SHA-256. Ces algorithmes sont unanimement considérés comme les plus sûrs, ils sont utilisés dans la banque, l'armée, le renseignement. S'ils étaient « craqués » tous les systèmes électroniques de la planète tomberaient. Une adresse bitcoin est de la forme : 175tWpb8K1S7mH4Zx6rewF9wQrcPv245W. Il existe plus de 10^{48} adresses possibles, soit plus que d'atomes sur Terre.

D'une façon générale, un système centralisé, dépendant de quelques mots de passe, est fragile car si le secret est percé, il tombe entièrement (divulgation de comptes PlayStation et LinkedIn à l'été 2012 par exemple). Un système décentralisé dans lequel chaque participant est responsable de sa clé privée évite ce risque ; il n'existe tout simplement pas « un » mot de passe qui permettrait de craquer le réseau bitcoin. Il existe un site officiel du projet (bitcoin.org) mais il est distinct du réseau proprement dit : le fait de hacker ce site ne donnerait aucun accès aux comptes, bien sûr.

Quels sont les risques ? Théoriquement, un pool de mineurs qui réunirait au moins 51 % de la puissance de calcul de l'ensemble du réseau bitcoin pourrait en prendre le contrôle et valider des transactions fictives à son profit (en fait simplement valider des doubles dépenses, même pas créer des bitcoins). Cependant, outre que des coupe-circuit existent pour parer à une telle éventualité, la somme dépensée pour financer une telle ferme de serveurs serait largement supérieure au bénéfice escompté. Le plus rentable, avec une telle puissance de calcul, serait de « miner » (valider les transactions) pour empocher les récompenses de 25 bitcoins et les commissions de transaction !

Il est parfois avancé que le réseau bitcoin ne pourrait pas monter en puissance pour traiter toutes les transactions si le succès venait, que si des dizaines ou des centaines de millions de personnes voulaient l'utiliser, la croissance exponentielle de la taille de la base de données deviendrait ingérable. Cette crainte n'est pas fondée. La base de données de l'ensemble des transactions est elle-même organisée de façon à diminuer son poids (à l'aide d'un « arbre de Merkle »), et elle peut être allégée au cours du temps. D'autre part, si les nœuds du réseau peinent à suivre l'augmentation de la taille de la base de données, des « super-nœuds » bitcoin sont déjà envisagés, comparables aux processeurs de paiement qu'on trouve sur les réseaux bancaires actuels. On peut noter aussi que, la loi de Moore aidant (la puissance des processeurs double tous les dix-huit mois), le réseau bitcoin peut envisager une considérable montée en puissance, si besoin est.

D'OÙ VIENT LA VALEUR DU BITCOIN ?

Qu'est-ce qui fait intrinsèquement la valeur du bitcoin ? Voici une question qui suscite encore aujourd'hui des discussions et des polémiques. Essayons d'y voir clair.

Une monnaie papier comme l'euro n'a pas de valeur intrinsèque, c'est un morceau de papier, une écriture électronique dans le système bancaire. C'est surtout la contrepartie d'une dette. Un billet de 10 euros constitue, pour celui qui le détient, un actif. Mais ce billet est aussi inscrit au passif de la Banque centrale européenne (BCE), et si celle-ci use et abuse de la planche à billets, elle diminue le pouvoir d'achat de la monnaie. Et on n'y peut rien. C'est comme une action, qui figure au passif de l'entreprise (son capital), et qui perd de la valeur si l'entreprise fait des pertes, ou même ne vaut plus rien si elle fait faillite.

Au contraire, l'or est sans contrepartie, il ne figure au passif de personne, il possède une valeur intrinsèque (c'est aussi le cas pour un bien immobilier ou une œuvre d'art). « L'or ne fait pas faillite » affirme le dicton ; effectivement, et c'est ce qui fait toute sa valeur, spécialement en période de crise financière. Bien sûr son cours exprimé en euros varie avec le temps, mais il garde une valeur intrinsèque par-delà les décennies. Avec une pièce de 20 francs-or (un « Napoléon »), au début du XXe siècle, on pouvait s'acheter une bicyclette. Aujourd'hui, avec environ 250 euros (ce que vaut le Napoléon aujourd'hui), on peut s'acheter un vélo de moyenne gamme. Exprimé en or, le prix du vélo n'a pas bougé sur un siècle, en revanche, en francs et en euros…

Le bitcoin, comme l'or, est sans contrepartie, il ne dépend d'aucune institution, et c'est ce qui fait toute sa force. Mais quelle est sa valeur intrinsèque justement ? Il n'y a pas de réponse définitive à cette question. Sur le site du projet, bitcoin.org, on peut lire : « Bitcoin tire sa valeur de son acceptation comme moyen de paiement. Sa valeur initiale sur le marché a été obtenue lorsque les gens ont spéculé et que, de par ses propriétés, la monnaie allait être acceptée ensuite par d'autres. » C'est certain, mais pas suffisant car un peu tautologique (le bitcoin a de la valeur parce qu'il est accepté comme moyen de paiement) et trop basé uniquement sur la confiance, comme les monnaies papier. On peut avancer qu'au-delà, c'est le réseau bitcoin lui-même – sa puissance de calcul (qui est quelque chose de très concret : des milliers d'ordinateurs), le consensus de la communauté d'utilisateurs pour reconnaître son utilité et sa rareté – qui constitue sa valeur.

Alors que vaut un bitcoin ? Justement, personne n'a le pouvoir d'en décider puisqu'il n'y a pas de banque centrale ou d'autorité légale. On rappelle que le bitcoin est une monnaie complémentaire, ce qui signifie que le vendeur et l'acheteur doivent être d'accord pour réaliser la transaction dans cette monnaie, personne n'est obligé de recevoir un paiement en bitcoin contre sa volonté (contrairement à l'euro qui a « cours légal » dans toute la zone euro). La réponse est donc simple : ce sont ceux qui l'utilisent qui en fixent le prix. Il existe pour cela des places de marché sur Internet, sur lesquelles on peut échanger des euros (des dollars, des livres, des yuans, des yens, etc.) contre des bitcoins et inversement. C'est l'offre et la demande qui déterminent le cours du bitcoin contre les principales devises.

Quelles phases de développement ?

Des spécialistes ont mesuré qu'environ 80 % des bitcoins ne circulent pas, autrement dit sont thésaurisés, ce que certains considèrent comme une faiblesse, un manque d'efficacité, pour une monnaie qui est censée d'abord circuler. Ce point de vue est erroné. Ce ratio (monnaie thésaurisée/monnaie circulante) est comparable à celui de l'or, à l'époque où il était une monnaie : il était surtout thésaurisé car c'était la meilleure réserve de valeur. Le fait que le bitcoin soit autant thésaurisé plaide donc plutôt en sa faveur, sa capacité à garder son pouvoir d'achat dans l'avenir est reconnue par la plupart de ses utilisateurs.

Une monnaie remplit en effet trois fonctions :

1) réserve de valeur ;

2) moyen d'échange ;

3) unité de compte.

Incontestablement, nous venons de le voir, la première fonction est remplie, les utilisateurs ont confiance dans la valeur du bitcoin à long terme. Le bitcoin comme moyen d'échange (transfert d'argent, change, paiement) commence justement à décoller, grâce aux nouveaux acteurs qui mettent cette monnaie à disposition du grand public, des sites Internet et des commerçants. Enfin l'étape qui marquera la réussite de cette monnaie interviendra quand les marchands indiqueront des prix en bitcoins, à côté de celui en euros ou en dollars (le bitcoin comme unité de compte), mais il faudra encore du temps vu la volatilité de son cours.

Le bitcoin doit aussi faire face à des adversaires plus ou moins déclarés. Cette nouvelle monnaie n'a pas de prétention hégémonique, elle ne bénéficie pas de la force d'un État ou d'une multinationale, sa fonction consiste à cohabiter avec les monnaies officielles et les monnaies complémentaires locales, à se faire une place à la mesure des avantages qu'elle apporte.

Les banques n'aiment pas les monnaies complémentaires en général, nous le savons, et encore moins le bitcoin, nettement plus efficace et ambitieux. Au fur et à mesure qu'il prendra de l'importance, il faut s'attendre à ce que le lobby bancaire tente de freiner sa croissance. Les instances de régulation regardent le bitcoin de haut, en insistant sur ses risques, mais globalement les grands États ont compris le potentiel de développement économique que draine cette nouvelle technologie et légalisent pour la plupart son utilisation. Son statut juridique génère cependant une incertitude. Ni tout à fait monnaie électronique au sens de la réglementation bancaire européenne, ni monnaie locale au sens du code monétaire et financier français, ni devise au même titre que le dollar ou le yen, sa qualification demeure incertaine.

L'anonymat du bitcoin est souvent décrié, mais il faut comprendre qu'il est relatif. Bien sûr les adresses (les « numéros de compte ») sont confidentielles, mais les transactions sont publiques et restent à jamais indélébiles (c'est la base de données des transactions), voilà qui constitue une « preuve » absolue et incontestable devant n'importe quelle juridiction. Une adresse qui reçoit et envoie des montants importants peut être facilement repérée et mise sous surveillance par n'importe quel organisme officiel de n'importe quel pays, ainsi que l'ensemble de ses correspondants. Ce n'est pas précisément ce que recherchent les organisations criminelles. D'autre part, un compte est facilement identifié à partir du moment où il quitte le réseau bitcoin : soit il vend ses bitcoins sur une place de marché et vire les euros obtenus sur son compte en banque, soit il achète un produit chez un marchand. Et pour acheter des bitcoins il faut obligatoirement passer par un compte bancaire, on ne peut pas en acquérir avec des valises de billets. Il faut donc plutôt parler de pseudo-anonymat (« pseudonymat »). Un site américain s'était fait une réputation de vendre de la drogue en échange de bitcoins, il se nommait Silk Road. Lorsque le FBI l'a fermé le 3 octobre 2013, on n'a noté aucun mouvement significatif sur le cours, preuve que les trafics illicites comptent pour quantité négligeable dans le bitcoin.

UNE HISTOIRE MOUVEMENTÉE

L'histoire de cette nouvelle monnaie est pour le moins mouvementée. Valant quelques cents au début, elle franchit le dollar début 2011, connaît une bulle (à 30 dollars) en juin 2011 avant de retomber à 3 dollars, puis de progresser lentement jusqu'à 10 dollars en décembre 2012. Mais 2013 marque l'année du décollage. Une première bulle apparaît au mois d'avril (plus de 200 euros) et met en lumière un des avantages intrinsèques du bitcoin. Chypre tombe en faillite et décide de ponctionner directement les comptes bancaires de plus 100 000 euros pour se renflouer, et l'Union européenne approuve et encourage. Coup de tonnerre chez tous les détenteurs d'une épargne financière importante à travers l'Europe : un compte bancaire ne présente pas une sécurité absolue. Au contraire, un compte bitcoin, personne ne peut le saisir vu qu'il demeure en dehors du circuit bancaire, à l'abri de la mainmise étatique ! L'idée fait vite son chemin. Au même moment en Espagne, où le secteur bancaire est mal en point, on note un pic de téléchargement d'applications smartphones permettant d'acheter des bitcoins.

Une seconde bulle apparaît en novembre 2013 (plus de 800 euros) et elle marque surtout l'amorce de l'institutionnalisation de cette monnaie. Le 3 octobre, le FBI ferme Silk Road, principal site de vente de drogue acceptant le bitcoin. Le cours, alors autour de 100 euros, ne bouge aucunement, prouvant ainsi que les trafics illicites comptent pour quantité négligeable dans la croissance du bitcoin, et cela rassure évidemment tous ceux qui s'interrogeaient sur cette monnaie. Peu de temps après, l'un des plus importants sites de l'Internet mondial, eBay, déclare qu'il s'intéresse au bitcoin. Impossible de l'ignorer désormais dans le monde de l'Internet ! Au même moment le bitcoin se répand en Chine et connaît un vrai succès public. La banque centrale chinoise y met cependant un terme car l'utilisation d'une monnaie virtuelle à grande échelle permettrait de contourner le contrôle des changes, ce que ne saurait accepter Pékin. Depuis les autorités ont affirmé qu'elles ne souhaitaient pas interdire le bitcoin et les transactions ont repris. On s'achemine d'ailleurs, aux États-Unis comme en Europe, sur la voie de la légalisation pleine et entière, sous l'œil soupçonneux des instances de régulation qui avertissent des dangers et des risques ; elles sont dans leur rôle.

Justement, en février 2014 est intervenue la disparition de MtGox, l'une des principales plateformes permettant d'acheter et de vendre des bitcoins contre des dollars ou des euros. Des milliers de clients ont perdu les bitcoins qu'ils croyaient détenir… Ce défaut soudain de l'un des grands acteurs historiques met en lumière le point faible, aujourd'hui, de « l'écosystème bitcoin », c'est-à-dire de l'ensemble des entreprises actives d'une façon ou d'une autre sur cette monnaie : la sécurité. Le réseau lui-même est à l'abri, du fait de son fonctionnement décentralisé, mais les sociétés qui proposent des services peuvent se faire subtiliser leurs bitcoins par des hackers. Ces dernières, comme tous les sites Internet, sont plus ou moins vulnérables à des attaques et peuvent ainsi se faire subtiliser les bitcoins que leurs clients leur ont confiés. Tant que des acteurs de référence n'auront pas émergé, le grand public et les investisseurs ne pourront pas s'y fier entièrement.

Que pèse le bitcoin aujourd'hui ? Chacun peut faire le calcul en multipliant le nombre de bitcoins en circulation (13 millions fin 2014) par le cours (300 euros fin 2014) soit 3,9 milliards d'euros. C'est beaucoup pour une monnaie complémentaire (l'Amazon Coin n'est pas loin derrière avec 3 milliards de dollars), mais cela reste minuscule par rapport aux flux financiers mondiaux. On compte 70 000 transactions quotidiennes sur le réseau bitcoin, pour 260 millions de paiements par jour en Europe par carte bancaire, voici l'ordre de grandeur aujourd'hui.

Cependant les monnaies complémentaires, au premier rang desquelles le bitcoin, introduisent un changement fondamental : nous ne sommes plus prisonniers d'une seule monnaie, ainsi que du système bancaire, nous retrouvons une liberté dont nous avions oublié l'existence même. Nous pouvons désormais choisir les systèmes auxquels nous accordons notre confiance. Les monnaies officielles resteront prédominantes, mais elles seront de moins en moins exclusives, elles seront comparées, mises en concurrence, et le résultat ne tournera pas toujours en leur faveur.

Chapitre 6

Comment la monnaie peut changer nos vies

Les innovations que nous venons de voir (Orange Money, les monnaies complémentaires, le bitcoin) ne doivent pas être réduites à de simples moyens de paiement supplémentaires présentant tel ou tel avantage. Elles peuvent changer en profondeur nos relations économiques et apporter de vraies réponses à la crise et à la pauvreté.

Diminuer les coûts de transaction profite à tout le monde

Les 2 à 3 % de commission pour les transactions par carte bancaire représentent une somme non négligeable, souvent plus élevée que le bénéfice après impôt de la plupart des entreprises. Combien de projets sont remisés au placard simplement à cause des frais de paiement par carte ? Une branche de la science économique s'est intéressée à ce sujet, preuve de son importance, il s'agit de la théorie des coûts de transaction, apparue dans les années 1930 aux États-Unis. L'idée générale est que l'existence de coûts de transaction élevés sur un marché favorise l'émergence d'organisations hiérarchisées (des entreprises) afin de minimiser en interne ces « frottements ». Les fondateurs de cette analyse (Ronald Coase, Oliver Williamson) établissent ainsi un rapport direct entre des coûts de transaction élevés sur un marché et l'émergence de grosses entreprises : effectivement, si les paiements sont coûteux et complexes (techniquement et réglementairement) à mettre en place, seules les grandes banques y parviendront. À l'inverse, si des innovations technologiques (Internet, smartphone) abaissent drastiquement ces coûts d'installation, le « big business » a du souci à se faire, et c'est ce qui se passe en ce moment.

Les coûts de transaction constituent une forme de taxe, sa diminution profite donc à tout le monde, les entreprises comme les clients. Des services inconcevables auparavant peuvent s'avérer parfaitement rentables, comme le paiement à l'article sur un site d'information : alors que payer une poignée de centimes d'euros n'a pas de sens aujourd'hui, car pour n'importe quel moyen de paiement les frais seraient plus élevés que la somme collectée, avec le bitcoin et ses commissions extrêmement faibles, le micropaiement peut désormais apparaître.

Citons aussi cet exemple qui ne concerne pas le paiement mais les devises, le Forex. Le marché des changes est le plus important au monde, 5 000 milliards de dollars s'y échangent chaque jour. Cependant ces achats et ventes ne se font pas sur un marché centralisé ou sur les grandes bourses internationales, avec les prix transparents et publics qui s'y rattachent, mais de gré à gré via des plateformes privées gérées par les grandes banques. Les commissions peuvent donc être particulièrement salées, surtout pour les PME qui ne bénéficient pas d'un pouvoir de négociation significatif face à ces mastodontes financiers. Ceux-ci peuvent même manipuler les prix à leur avantage (comme pour le Libor), plusieurs enquêtes sont d'ailleurs en cours à ce sujet. Des start-up se sont lancées sur ce marché en proposant des tarifs nettement inférieurs : « Un de nos clients payait 1,6 % de commission cachée dans le taux de change que lui facturait sa banque. En passant par notre plateforme, l'entreprise a fait une économie annuelle de 400 000 euros », explique le directeur général de l'une d'entre elles[1]. On peut espérer que les particuliers pourront un jour également avoir accès à ces tarifs très compétitifs. Les banques, de leur côté, feraient bien d'être prudentes car les grandes entreprises pourraient aussi un jour se tourner vers ces nouvelles structures.

1. « Ces start-up qui aident les PME à ne plus se faire plumer sur les taux de change », www.challenges.fr, 25 avril 2014.

L'accès au compte bancaire, un besoin vital

La moitié de la population mondiale n'est pas bancarisée, nous l'avons vu, et cette injustice ne concerne pas seulement les populations des pays pauvres ou émergents puisque 8 % de la population des pays de l'OCDE est également touchée. En être réduit à l'argent liquide ferme quantité d'opportunités en termes de revenus ainsi que d'accès à des services (énergie, télécommunications). On est pauvre et on le reste même s'il existe des pratiques comme la tontine qui peuvent partiellement y remédier. Faut-il attendre que les banques développent leur réseau au fur et à mesure de la croissance de ces pays ? Mais cela prendrait des décennies, et sans au final couvrir toute la population.

Cette population délaissée par les banques pour cause de revenus insuffisants représente pourtant une richesse : ces gens consomment, travaillent de façon plus ou moins régulière, forment des projets, poursuivent des objectifs. De plus en plus d'entreprises proposent des outils technologiques très bon marché et ouverts à tous, nous l'avons vu avec Orange Money et M-Pesa en Afrique. La diffusion de l'usage du smartphone, y compris dans les pays émergents, y compris chez les personnes en précarité économique dans les pays dits « riches », leur donnera accès aux nouveaux services de paiement électronique.

Parallèlement un autre type de services s'adresse d'ores et déjà à cette population, celui des cartes de paiement sans banque. En France, Compte-Nickel a été lancé en février 2014 et séduisait déjà 50 000 clients huit mois plus tard. Le « compte sans banque », comme il s'intitule, s'ouvre chez les buralistes agréés (plus de 500) et offre tous les services de paiement d'un compte bancaire classique comme le virement (sur le site Internet), le dépôt d'espèces (chez le buraliste) et le retrait (dans les DAB ou chez le buraliste). Il s'agit d'une « vraie » carte qui permet de payer n'importe où grâce à un partenariat avec Mastercard, mais qui se passe d'une banque, point de passage obligé jusqu'ici. Le découvert est impossible (comme pour un compte Paypal), et toutes les pénalités financières qui lui sont associées également (frais d'incident pour paiement refusé, etc.). Les frais sont réduits, de l'ordre de 50 euros pour l'année, et surtout, chacun peut y avoir accès, même les « interdits Banque de France », ce qui constitue une réelle opportunité. Cette solution créée par l'ingénieur informaticien français Ryad Boulanouar ne séduit pas que les chômeurs ou les personnes à faible revenu mais également des salariés, ce qui démontre que les tarifs bancaires sont trop élevés. L'entreprise vise 5 millions de clients d'ici quelques années[1].

Sortir de la trappe à pauvreté

Dans *Le Mystère du capital* (2000), l'économiste péruvien Hernando de Soto se demande, c'est le sous-titre de son ouvrage, « pourquoi le capitalisme triomphe en Occident et échoue partout ailleurs ». Tout d'abord entendons-nous bien sur le sens que l'on doit donner

1. « Capital », M6, 9 novembre 2014.

au terme de capitalisme, largement galvaudé de nos jours et souvent associé à la loi de la jungle à travers la formule « capitalisme sauvage ». On voudrait juste rappeler que la libre concurrence c'est précisément le contraire de la loi de la jungle. La loi de la jungle c'est la loi du plus fort (par exemple le marché de la drogue où le caïd le plus fort élimine les autres). La libre concurrence est basée sur la loi : le droit de propriété, le droit des contrats, le droit de propriété intellectuelle, ce qui permet à une start-up de concurrencer les sociétés bien établies. D'ailleurs nombre de grandes entreprises d'aujourd'hui sont de création récente (spécialement aux États-Unis où la concurrence est forte), ce qui démontre que la libre concurrence permet aux petites structures qui réussissent de grandir rapidement. Et c'est ce processus qui, au final, crée de la richesse et de la croissance économique.

De Soto explique le retard des pays sous-développés par l'absence de droits de propriété clairement établis et garantis par un système judiciaire indépendant. À quoi cela sert-il de créer une entreprise et d'accumuler un peu de richesse si le potentat local peut tout rafler du jour au lendemain ? Pourquoi construire un système d'irrigation si le premier venu peut contester vos terres ? Chacun en reste donc à une économie de subsistance, avec les moyens du bord. Selon lui, sans institutions publiques indépendantes capables d'arbitrer les différents contrats de nature économique, le capitalisme ne peut pas permettre à ces pays de se libérer de l'emprise de la pauvreté.

Dans son livre, de Soto explique : « Les habitants pauvres de ces pays possèdent des choses, mais il leur manque le processus pour représenter leur propriété et créer du capital. Ils ont des maisons, mais pas de titre de propriété ; des cultures, mais pas les droits d'exploitation ; des entreprises, mais pas de statuts. C'est l'indisponibilité de ces représentations essentielles qui explique pourquoi ces gens ont adopté toutes les innovations de l'Ouest, du trombone au réacteur nucléaire, mais ne sont pas parvenus à produire suffisamment de capital pour se développer économiquement. »

Aujourd'hui de Soto travaille avec son groupe de réflexion, l'Institut pour la liberté et la démocratie (ILD), sur la création de cadres juridiques modernes pour aider les pays en développement à transformer leurs actifs en capital reconnu comme tel. Ses travaux influencent la Banque mondiale et l'USAID pour promouvoir des réformes microéconomiques axées sur ces questions. Mais ces réformes se heurtent évidemment aux intérêts bien établis, aux bureaucraties en place et à la corruption qui, eux, profitent à plein de cette absence de droit.

De Soto insiste sur le fait qu'une fois les droits de propriété clairement établis, il peut se construire un système complexe de mutualisation du risque avec les assurances ainsi qu'un accès au crédit bancaire, des éléments incontournables dans une économie performante. Et nous revenons ici au cœur de notre sujet : un compte bancaire protégé et la possibilité de l'utiliser pour recevoir de l'argent (par virement ou dépôt d'espèces) ou en dépenser, via une carte ou sur Internet, voilà qui constitue un droit de propriété essentiel. Ensuite, cela permet l'accès au crédit et à des assurances.

Le bitcoin offre toutes ces solutions clés en main, nous le verrons plus loin, et il n'y a même pas besoin d'attendre que la puissance publique se réveille, même si la volatilité de cette monnaie constitue bien sûr un frein à son adoption. Il existe également Orange Money et M-Pesa, nous l'avons vu, qui dans plusieurs pays africains permettent à chacun d'avoir un compte bancaire. Voici une base sur laquelle peut commencer à se construire une économie axée sur le développement. Les nouveaux moyens de paiement ne peuvent pas résoudre tous ces problèmes de droits de propriété à eux seuls, mais ils peuvent grandement y contribuer, et surtout, le compte bancaire constitue la première étape sans laquelle les autres ne peuvent pas advenir.

Les monnaies complémentaires constituent également une réponse à la pauvreté. Le contexte est ici différent, car elles apparaissent en général dans des pays qui disposent déjà d'un système juridique garantissant les droits de propriété, faute de quoi elles auraient du mal à perdurer. Cependant, dans l'urgence d'une crise et d'un effondrement soudain de l'activité, elles peuvent apparaître sans même demander d'autorisation au pouvoir central. C'est ce qui s'est produit en Grèce suite à la crise de 2008 (sur laquelle s'est ensuite rajoutée la crise de la dette du pays en 2010). Une quinzaine de monnaies locales se sont créées, notamment dans les régions pauvres et enclavées. C'est le cas du TEM à Volos, proche du SEL dans l'esprit : on demande aux nouveaux entrants ce qu'ils proposent et ce qu'ils demandent. Le succès aidant, un marché hebdomadaire s'est créé. Ce n'est pas parce qu'on n'a pas d'argent qu'on ne « vaut » rien. Il n'y a pas de billets, les transactions sont comptabilisées sur une plateforme Internet. La municipalité a même accepté qu'une partie des impôts locaux soit payée en TEM, ce qui a renforcé son succès.

FAVORISER LA CRÉATION DE RICHESSES

Après le chiemgauer en Allemagne et le Bristol Pound en Angleterre, la troisième monnaie complémentaire en Europe par son volume est française : il s'agit de l'eusko, au Pays basque. 280 000 euskos (soit autant d'euros puisque 1 eusko = 1 euro) circulent sous forme de billets, parmi 600 commerçants qui les acceptent, dont 150 à Bayonne. Ces commerçants s'engagent à acheter des productions locales et à promouvoir la culture basque.

Une monnaie complémentaire permet d'accroître les flux d'activité économique locaux, et en conséquence d'augmenter la richesse créée localement. Quand je dépense des euskos, je sais qu'ils vont être réinvestis dans la région, qu'ils vont profiter à des entreprises locales, alors que la même somme dépensée dans un supermarché n'est pas « tracée », elle peut partir payer un fournisseur à l'autre bout de l'Europe. Les commerçants, de leur côté, voient progressivement gonfler une clientèle incitée à revenir chez eux (la logique est très proche des programmes de fidélité). Ce procédé est donc sain, d'autant qu'il n'a aucun caractère obligatoire : chacun est libre d'utiliser ou non la monnaie basque ; les commerçants participants acceptent bien entendu également l'euro.

La logique est identique avec les SEL (Système d'échanges locaux) où des personnes peuvent s'échanger des services, le tout étant comptabilisé en heures. Cette petite différence, cependant, bride leur développement : si un commerçant payé en euskos s'acquitte normalement de la TVA et des différents impôts, les SEL n'étant pas une monnaie proprement dite, ni échangeables contre des euros, ses utilisateurs ne payent pas la TVA. Cela ne plaît évidemment pas aux services fiscaux et aux États qui ne les tolèrent qu'à la condition qu'ils demeurent de petite taille. C'est pourtant un calcul à courte vue car les SEL aident à sortir de la « trappe à pauvreté » et peuvent permettre à certains de ses membres, si leur activité augmente, de créer leurs structures puis de payer des impôts.

Citons un autre exemple de monnaie locale avec le palmas (1 palmas = 1 real), créé en 1998 au Brésil. Dans la grande métropole de Fortaleza, une population de pêcheurs est expulsée pour faire place à la construction immobilière, et réimplantée à une vingtaine de kilomètres dans un endroit dépourvu d'activités et d'infrastructures. C'est la pauvreté qui les attendait, mais les 30 000 habitants du quartier de Conjunto Palmeiras ont l'idée de créer leur monnaie locale. La relocalisation induite permet un développement économique : alors qu'au départ, les habitants faisaient leurs achats à hauteur de 20 % dans le quartier et à

80 % à l'extérieur, le rapport s'est inversé à 93 % en faveur des commerçants du quartier contre 7 % pour ceux de l'extérieur. Des centaines d'emplois ont été ainsi créés avec cette relocalisation.

Il faut aussi évoquer un mécanisme très proche des monnaies complémentaires, spécialement du WIR suisse : le *barter*. Ce terme anglais s'est imposé pour désigner l'échange de marchandises entre entreprises. Cela concerne aussi bien des services (notamment de l'espace publicitaire) que des produits. C'est une forme de troc élaboré. Des places de marché se sont constituées, les premières aux États-Unis dans les années 1930, c'est-à-dire juste après la crise de 1929, comme les premières monnaies complémentaires. En évitant les transactions monétaires, le *barter* permet aux entreprises de réduire leurs besoins en fonds de roulement. Aux États-Unis, 200 000 entreprises utilisent ce service, pour un montant équivalent à 16 milliards de dollars.

Il existe aussi des monnaies dites affectées, c'est-à-dire chargées de résoudre un ou plusieurs problèmes spécifiques. C'est le cas du *cambio verde* (change vert) à Curitiba, ville brésilienne de 2 millions d'habitants dont le maire, en 1971, se trouvait confronté à deux problèmes : la pollution due aux ordures ménagères et un réseau de transports en commun sous-utilisé car considéré comme trop coûteux par les habitants les plus pauvres. L'idée est simple : le fait de trier ses déchets donne droit à des jetons de bus[1]. Le succès a

1. Jean-Michel Cornu, *De l'innovation monétaire aux monnaies de l'innovation*, Limoges, FYP éditions, 2010.

été au rendez-vous et la ville a pu économiser sur le tri des déchets, ce qui lui a permis d'investir dans les transports en commun et de réduire les taxes locales. Les jetons de bus sont devenus une monnaie complémentaire proprement dite, acceptée sur les marchés de la ville. Un cercle vertueux qui participe à la prospérité de la ville, l'une des plus riches du pays.

LA RÉSILIENCE COMME RÉPONSE À LA CRISE

La plus grande crise financière de tous les temps n'est pas celle de 2008, ni celle de 1929, mais, si l'on en croit l'économiste et historien François Seurot[1], le grand krach des banques florentines des années 1340-1346. Si l'on retient comme critère le niveau des crédits et des dettes géré par les banques de Florence par rapport à l'ensemble des flux financiers de l'époque, c'est le cas, affirme-t-il. À cette date, Florence est la place financière centrale de l'Europe et sa monnaie d'or, le florin, est acceptée dans toute l'Europe et même en Orient. Sa prééminence commence autour de 1300 et durera jusqu'à la crise de 1340 ; elle ne reviendra jamais, même sous les Médicis. « Sa position financière est proportionnellement beaucoup plus importante que celle de Londres en 1880 ou New York en 1925 ou 1960 » explique Seurot.

Les grandes banques florentines se développent dans toute l'Europe. Elles financent le commerce et prêtent

1. François Seurot, « Les crises bancaires en Italie au Moyen Âge : un essai d'application de la théorie de Minsky-Kindleberger », *Journal des économistes*, décembre 2002.

aux États, et notamment au roi d'Angleterre, pour des sommes de plus en plus considérables. Suite à plusieurs défaites contre la France, et au poids même de la dette (un an de revenu de la couronne), Édouard III décide en 1340 de ne pas rembourser et de faire intégralement défaut. À Florence, bien sûr, c'est un cataclysme et toutes les grandes banques font faillite, leurs actifs étant loin de compenser la perte. Pourtant, comme le note Seurot, « cette gigantesque crise financière n'eut pas de conséquences considérables sur la vie économique hors de Florence. Elle n'entraîna pas non plus de crise financière sur les autres places financières européennes. » Et, poursuit-il, il en va de même pour toutes les crises financières du Moyen Âge : l'économie réelle est épargnée.

Ce fait n'est pas dû à un retard économique : les banques occupaient un rôle important dans la vie économique et les interconnexions entre les places financières étaient très poussées. Comme aujourd'hui, ces banques faisaient de la création monétaire : ce n'était certes pas de la monnaie « étatique » (il n'y avait pas de banque centrale) mais de la monnaie scripturale (rattachée à chaque banque en particulier), cependant cela revenait au même (une bulle du crédit était tout à fait possible). À Florence, les banques conservaient en général la moitié de leurs dépôts sous forme d'encaisse métallique, c'est-à-dire bien plus qu'actuellement ; mais cela permettait tout de même d'alimenter une bulle de crédit.

Cette résilience, qui nous semble incompréhensible aujourd'hui, s'explique aisément : « L'instabilité du crédit touche ceux qui font commerce du crédit et leurs principaux clients mais, à cette époque, elle épargne l'économie réelle. » Bien sûr (mais Seurot ne développe pas cet aspect), « l'économie réelle » utilise d'autres monnaies ! Le florin en or sert au commerce sur les grandes distances et aux prêts aux pays, mais le paysan travaillant près de Florence n'a certainement jamais eu en main une pièce d'un tel montant. Il fait son commerce quotidien avec une monnaie locale en cuivre ou en argent, frappée par l'autorité locale et non par ces banques intéressées aux opérations financières complexes et spéculatives. Il peut même payer en têtes de bétail (une unité de compte très proche du troc mais très répandue) des légumes auprès d'un maraîcher du coin. Son « système monétaire » est totalement étanche par rapport à celui des grandes banques. Il subira le contrecoup de la baisse d'activité de ces banquiers désormais sans le sou, mais la transmission de la crise bancaire à l'économie réelle sera au final très faible.

C'est ce type de résilience qu'il nous faut restaurer. Il y aura toujours des crises de crédit, il y aura toujours des bulles, c'est-à-dire de l'espérance en l'avenir un peu démesurée, il y aura toujours des crises économiques, des guerres, des ruptures technologiques, des troubles sociaux, tout cela est humain, trop humain. Mais il nous importe de construire un système monétaire et financier qui soit résilient, qui amortisse la crise plutôt que de l'amplifier, pour ne pas rajouter le malheur au malheur. Il nous faut rétablir, dans le contexte de notre époque, ce qui a fait ses preuves pendant des siècles : un système monétaire diversifié.

Voyons comment cela pourrait être transposé aujourd'hui dans la zone euro. Rappelons que, lors des discussions présidant à la naissance de l'euro, les Britanniques avaient proposé d'en faire une monnaie commune, qui aurait circulé conjointement aux monnaies nationales, plutôt qu'une monnaie unique, se substituant à celles existantes. Comment cela aurait-il fonctionné ? Tout d'abord les banques centrales auraient échangé des euros, puis les multinationales et les entreprises, et enfin les particuliers. Mais chacun aurait eu le choix. Les particuliers auraient pu placer une partie de leur épargne sur des produits libellés en euros s'ils considéraient que cette monnaie était plus solide et moins soumise à l'inflation que leur monnaie nationale. Un État gérant sa monnaie de façon laxiste (planche à billets, inflation) aurait vu fuir ses épargnants, l'obligeant à revenir à plus de rigueur, ainsi qu'à l'équilibre budgétaire. Cette concurrence entre les monnaies nationales et l'euro aurait très sainement joué en faveur de l'équilibre des comptes publics et du maintien d'une faible inflation (bien mieux que les critères de Maastricht !), l'euro aurait joué comme « force de rappel ». Puis, à terme, des pays auraient pu choisir de basculer intégralement dans l'euro, en connaissance de cause, sachant que leur économie s'y adaptait sans mal, tandis que d'autres auraient gardé leur monnaie nationale.

Ce type de fonctionnement aurait conféré à la zone euro la souplesse nécessaire et évité les crises grecques, irlandaises, etc. Il pourrait d'ailleurs constituer une porte de sortie à la crise actuelle, en permettant à la Grèce de revenir à la drachme, tout en gardant l'euro (pour ses centres touristiques, ses entreprises connectées à l'Europe et pour l'épargne des particuliers), l'euro étant considéré ici par les Grecs comme une monnaie complémentaire de la drachme. C'est l'euro considéré comme monnaie unique à tout prix, de façon quasi obsessionnelle, qui explique en grande partie la crise de la zone euro. Permettre la réintroduction de monnaies nationales pour les pays en difficulté et, dans un même mouvement, encourager dans toute l'Europe l'émergence de monnaies locales, voilà qui donnera des degrés de souplesse – une résilience – qui manquent singulièrement actuellement, tout en gardant les avantages indéniables d'une grande monnaie internationale, pour un ensemble de pays largement ouverts sur le monde comme l'Europe.

La nécessité de monnaies saines

Les monnaies complémentaires sont des monnaies « saines » dans leur fonctionnement. Chaque unité de monnaie complémentaire correspond à une transaction : un WIR est créé uniquement à partir du moment où une transaction a lieu, un WAT quand un kWh est fabriqué, une unité de SEL quand un service a été rendu. La monnaie complémentaire est toujours la contrepartie d'un échange réel, il n'y a pas de création monétaire *ex nihilo*, il n'y a pas de planche à billets. L'association qui gère la monnaie complémentaire ne va pas se mettre à imprimer des billets sous prétexte d'aider une entreprise en déficit (ce que font les banques centrales avec les États), car cela constituerait une fraude pure et simple, la confiance disparaîtrait instantanément et le système s'écroulerait.

Il n'y a d'ailleurs pas non plus de crédit au sens où on l'entend, puisqu'il implique, nous l'avons vu, une écriture comptable qui crée de la monnaie, ce qui n'est pas concevable avec une monnaie complémentaire. Ceci dit, le crédit n'est pas impossible en soi avec une monnaie complémentaire : une banque qui voudrait faire des prêts devrait au préalable acquérir de la monnaie complémentaire (ou l'emprunter moyennant rémunération), et elle ne pourrait pas prêter plus que ce qu'elle possède. Au cas où elle ferait faillite, cela n'aurait pas de conséquence systémique (l'incendie est circonscrit), ce qui change radicalement par rapport à notre système financier actuel où les grandes banques sont interconnectées et ne couvrent qu'une petite partie de leurs engagements par leurs fonds propres. Leur effet de levier est en effet de l'ordre de 1/30, ce qui signifie que pour 1 euro de fonds propres, elles font des prêts ou acquièrent des actifs financiers à hauteur de 30 euros…

Les monnaies complémentaires sont-elles pour autant d'une sécurité absolue ? En fait ce n'est pas aussi simple car, on l'a vu, certaines sont directement reliées à la monnaie étatique. 1 WIR = 1 franc suisse, ce qui veut dire que si la monnaie helvétique entre dans la spirale de l'hyperinflation, le WIR sera emporté dans la tourmente. Par contre, le WAT ou le LEAF, qui sont reliés à des actifs réels (1 kWh d'électricité, un panier de produits agricoles), seraient totalement protégés si le yen connaissait une forte inflation (leurs détenteurs pourraient continuer d'acheter la même quantité de biens qu'auparavant et au même prix, mais le cours du WAT exprimé en yens exploserait). On comprend ainsi l'intérêt de relier la monnaie à un actif réel.

Les monnaies complémentaires expriment un retour à une monnaie « saine », face aux monnaies papier de plus en plus manipulées et ne reposant que sur la confiance qu'on veut bien leur accorder. L'actif réel le mieux reconnu universellement pour incarner la valeur est bien entendu l'or, qui a servi de monnaie depuis l'Antiquité jusqu'en 1971, date à laquelle il a été déconnecté du dollar.

Une remonétisation de l'or ?

Nous avons parlé de l'étalon-or. Est-il imaginable que l'or retrouve un jour son statut monétaire ? La question ne relève pas de la science-fiction. Quelques initiatives isolées vont déjà dans ce sens : aux États-Unis, l'État de l'Utah autorise depuis 2011 les particuliers à payer leurs impôts sous forme de pièces en or ou en argent frappées par un atelier américain. La taxe de 7 % sur les ventes d'or a disparu et ces pièces peuvent ainsi redevenir un moyen de paiement pour le fisc, mais aussi entre les particuliers s'ils le désirent. En octobre 2011, le magazine *Forbes*[1] cite un sondage qui montre que 44 % des Américains sont favorables à un retour à l'étalon-or, contre 28 % qui s'y opposent. Si on précise dans la question que l'étalon-or « réduirait

1. Ralph Benko, « October Surprise: Can Gold Be The Panama Canal Treaty Of 2012? », *Forbes*, 31 octobre 2011.

considérablement les pouvoirs des banquiers et de la classe politique pour orienter l'économie », le chiffre atteindrait les 57 % et l'opposition tomberait à 19 %.

Cela constituera une surprise pour beaucoup, mais Alan Greenspan, qui présida la Fed de 1987 à 2006 et ouvrit les vannes du crédit qui déboucha sur la crise de 2008, a défendu l'or dans une vie antérieure. Il a en effet publié en 1966 un brillant plaidoyer de ce système monétaire[1]. Revenant sur l'histoire de l'étalon-or, il soutient que « l'or et la liberté économique sont inséparables » et qu'en son absence, « il n'y a aucun moyen de protéger l'épargne de la confiscation à travers l'inflation ». Fustigeant les « étatistes » qui veulent toujours dépenser plus pour satisfaire leurs clientèles électorales, il conclut en affirmant : « Voilà le secret éculé des partisans de l'État-providence contre l'étalon-or. Dépenser par la voie du déficit est simplement un stratagème pour confisquer la richesse de façon cachée. L'or se dresse contre ce processus insidieux. Il apparaît comme un dispositif de protection des droits de la propriété. Ayant saisi cela, on n'a aucune difficulté à comprendre l'opposition des étatistes à l'égard de l'étalon-or. »

Plus fondamentalement, au sein de l'école libérale, les économistes dits « autrichiens » (Ludwig von Mises, Friedrich Hayek, Murray Rothbard) défendent de façon constante le principe de l'étalon-or, seul moyen selon eux d'éviter une bulle du crédit et une croissance incontrôlée de la masse monétaire, qui mènent inévitablement à la ruine. On peut rappeler cet avertissement

1. Alan Greenspan, « Gold and Economic Freedom », *The Objectivist*, 1966.

de Hayek quelques années après la fin de la convertibilité du dollar en or : « Maintenant que cette discipline a été brisée, je ne vois aucun espoir de la restaurer. Pour cette raison, à moins de changements radicaux, la perspective qui est devant nous est celle d'une inflation indéfiniment accélérée, aggravée par le contrôle des prix, suivie d'un effondrement rapide du marché, des institutions démocratiques, et finalement de la civilisation telle que nous la connaissons[1]. »

Aujourd'hui, la réintroduction de l'étalon-or au niveau international constituerait une réforme monétaire d'une ampleur jamais connue. Les bilans encore très dégradés des banques, ou les États qui ne pourraient plus s'endetter toujours plus, supporteraient-ils un tel choc ? Certainement pas.

Il existe une autre solution : réintroduire l'or de façon plus « douce », plus progressive, simplement en lui permettant de circuler librement, c'est-à-dire en supprimant les taxes sur les transactions. En somme, faire de l'or une monnaie complémentaire. Actuellement toute vente d'or en France est soumise à une taxe de 10 % ou à un impôt sur les plus-values, ce qui l'empêche de pouvoir jouer un quelconque rôle monétaire. Il faudrait donc supprimer cette taxe afin que l'or puisse se remettre à circuler entre les personnes et les entreprises qui le souhaitent. De cette façon, l'or prendrait petit à petit une place croissante dans les échanges monétaires, et chacun pourrait en mesurer les effets sur l'économie.

1. Friedrich Hayek, « Toward Free Money Market », *Wall Street Journal*, 19 août 1977.

Cependant, il ne faut pas non plus se faire trop d'illusions tant la méfiance des autorités envers l'or est forte, toute hausse de son cours signifiant que leurs monnaies papier se dévaluent inexorablement. Les choses pourraient se faire de façon plus brutale, par la « résolution » de la crise actuelle. Le chroniqueur américain Bill Bonner, qui s'inscrit dans la tradition de l'école autrichienne, explique que « cette correction [la crise de 2008] s'achèvera avec la fin du système monétaire basé sur le dollar mis en place en 1971. Aucune devise fiduciaire n'a jamais survécu à un cycle du crédit complet. Le dollar ne sera pas le premier à y parvenir[1]. » Face à l'autodestruction des monnaies papier, l'or pourrait constituer une planche de salut, comme les monnaies complémentaires basées sur des actifs réels, ou comme le bitcoin.

Le bitcoin, un instrument de paiement grand public ?

Nous l'avons vu, pour acheter et vendre des bitcoins, il est nécessaire d'installer la base de données des transactions ainsi qu'un logiciel sur son ordinateur. Une procédure relativement lourde et, de fait, le bitcoin est longtemps resté confiné aux « geeks », aux passionnés d'informatique. Mais c'est justement en train de changer. De nouveaux acteurs ont eu l'idée de s'intercaler entre l'internaute et le réseau bitcoin. Il suffit donc de créer un simple compte avec login et mot de passe sur l'un de ces sites pour accéder au bitcoin. Et ensuite ?

1. Bill Bonner, « Nos prévisions pour la fin du monde tel que nous le connaissons », la-chronique-agora.com, 10 novembre 2011.

Les paiements en bitcoins sont de plus en plus nombreux : les mineurs en détiennent et certains souhaitent en dépenser une partie. Au début, en 2009-2010, cette nouvelle monnaie valait seulement quelques centimes, désormais elle vaut plusieurs centaines d'euros, c'est le moment de réaliser une partie de ses bénéfices ! Par ailleurs des personnes qui croient au potentiel du bitcoin en ont aussi acheté, et elles veulent aussi profiter de la hausse de son cours. De plus en plus de commerçants ont flairé ce nouveau marché et acceptent le paiement en bitcoins. Depuis peu, de nouveaux acteurs proposent ce type de service, surtout aux États-Unis (BitPay, CoinBase, GoCoin) et en Europe (Paymium en France). Le site commerçant peut ainsi recevoir un paiement en bitcoins, qui sont ensuite instantanément transformés en euros, lui évitant ainsi tout risque de change. Les prix sont affichés en euros et convertis en bitcoins au moment de la transaction : l'euro reste la monnaie de référence, le bitcoin étant encore trop volatil pour jouer ce rôle.

Avantage déterminant du logiciel libre, sur lequel est construit le bitcoin, tous ces sites sont interopérables. Pour envoyer de l'argent à une personne à partir de Paypal, il faut que cette personne possède un compte Paypal (même chose pour les sociétés de transfert d'argent comme Western Union). Alors qu'avec un compte Paymium, on peut envoyer des bitcoins (ou des euros via bitcoin) à une personne qui aura créé son compte chez BitPay. L'adresse bitcoin est valide pour l'ensemble du réseau. On a donc affaire à des acteurs qui ne sont pas en concurrence frontale mais qui font ensemble la promotion d'une nouvelle technologie.

Le développement de ce marché peut prendre une ampleur insoupçonnée. De la même façon que l'on dit que Skype ou WhatsApp sont de la « voix sur IP » (IP pour Internet Protocol), bitcoin c'est de la « monnaie sur IP ». L'effet réseau joue à plein, le décollage peut être rapide.

Le bitcoin peut aussi servir d'intermédiaire dans un virement, et il se révèle alors extrêmement économique. Pour envoyer 100 euros à une personne résidant aux États-Unis, les frais à débourser en passant par une banque, une société de transfert d'argent comme Western Union ou un site Internet comme Paypal sont conséquents (5 % au moins). Or, il suffit de convertir ce montant en bitcoins, puis de l'envoyer au correspondant américain, qui à son tour convertira ces bitcoins en dollars. La transaction prend, au total, quelques minutes, le risque de change est donc quasi inexistant. Et les commissions sont incomparablement inférieures : de quelques centimes ou de l'ordre de 1 ou 2 % si l'on passe par un intermédiaire.

COMMENT LE BITCOIN RÉINVENTE L'ÉCONOMIE

Le bitcoin, c'est plus que le bitcoin. Il s'agit d'une monnaie, on l'a vu, qui fonctionne avec une technologie *peer to peer*, c'est-à-dire ne dépendant de personne et ne pouvant donc être corrompue, très élaborée mais transparente (la base de données des transactions est publique) et accessible à tous. Les caractéristiques remarquables de cette technologie permettent de construire d'autres services que des transactions monétaires proprement dites, des services que l'on commence à peine à explorer.

Commençons par un champ d'applications connu sous le terme de *colored coin*. Prenons une métaphore : un joueur de casino décide de mettre une touche de peinture sur chacun de ses jetons pour voir comment ils vont circuler sur la table de jeu, voilà l'idée. Passons sur le réseau bitcoin : des personnes décident de créer une société, ils apportent chacun leur part au capital de cette entreprise. Ces bitcoins vont être « colorés » (de façon informatique) avec une teinte précise et ainsi clairement identifiés comme les leurs. Lorsque cette entreprise distribuera des dividendes, ces bitcoins seront colorés de la même façon, ce qui permettra d'attester qu'ils proviennent bien d'elle, et seront répartis entre les différents actionnaires en fonction de leur part au capital. On vient ici tout simplement de créer un marché boursier, car bien sûr ces parts peuvent être revendues. Le mécanisme fonctionne aussi pour les obligations. Enfin, toutes ces transactions sont encryptées dans la base de données générale, ce qui atteste des droits de propriété.

Les *colored coins* rajoutent une couche logicielle au réseau bitcoin de façon à identifier un certain nombre de bitcoins et leur flux. Il devient donc possible de créer des marchés financiers, avec des actions et des obligations, mais évidemment avec des coûts de transaction infiniment moins élevés que sur les bourses existantes. Cependant, comment être certain de l'honnêteté des comptes de ces entreprises si aucune instance de régulation ne les surveille ? Mais justement, sur le réseau bitcoin, lorsqu'une transaction a lieu, tout le monde en est témoin, il devient donc possible de mettre en place une comptabilité à triple entrée qui permet à toutes les tierces parties de vérifier *de visu* et d'avoir confiance dans la véracité des comptes de l'entreprise.

De grands groupes s'intéressent à cette opportunité. Nul communiqué officiel pour l'instant mais des déclarations, comme celle de ce responsable de Google à la *Bitcoin Conference* de Londres en septembre 2012, Mike Hearn : « Le bitcoin réunit plusieurs caractéristiques qui à l'avenir nous permettront de réaliser des choses intéressantes, nous pourrons construire des marchés financiers sans qu'il y ait une institution derrière, et ce sur la seule base du système bitcoin[1]. »

Un autre champ d'application est le versement conditionné (on parle aussi de « contrat intelligent »). On peut programmer le fait que tel compte bitcoin versera telle somme à tel autre compte à telle date (par exemple garantir le versement d'une somme à ses enfants même si l'on n'est plus de ce monde, et cela sans passer par un notaire). Ce versement peut être conditionné à un événement (si je disparais, les bitcoins se trouvant sur mon compte seront versés à mes descendants). On peut aussi imaginer que plusieurs personnes versent tous les mois une somme à une société qui aura été créée comme on l'a vu au paragraphe précédent, et qu'en cas de dommage (vol, incendie, etc.) ils soient remboursés : l'on vient de réinventer l'assurance, mais avec des coûts de fonctionnement incomparablement inférieurs à ce qui existe aujourd'hui.

1. Arte, journal du 11 octobre 2012.

Un autre type de service possible est l'authentification de documents. Il est possible d'enregistrer dans la base de données une transaction précise qui intègre non pas le document lui-même mais son empreinte (via un traitement cryptographique). Celle-ci devient alors une preuve horodatée, irréfutable et indélébile de l'existence de ce document sans avoir à en révéler le contenu, le tout pour un coût minime (actuellement 0,005 BTC pour le site proofofexistence.com). C'est le métier des notaires et des organismes de dépôt de brevet qui est directement impacté.

La base de données des transactions en bitcoins est publique, nous l'avons dit, mais également le programme lui-même, contrairement à Windows par exemple pour lequel un « noyau » demeure inaccessible, pour protéger le cœur du programme ainsi que les droits de propriété intellectuelle de Microsoft. Personne n'aurait eu confiance dans le bitcoin si plusieurs lignes de programme restaient à jamais secrètes. La contrepartie, ou la conséquence si l'on préfère, c'est que n'importe qui peut copier ce programme, le modifier à la marge et créer ainsi sa propre monnaie numérique. Il en existe plus de 500[1] et si certaines peuvent sembler farfelues (UFO – ovni en anglais – Coin), d'autres jouent sur l'appartenance communautaire, comme les monnaies locales (Deutsche eMark, BitcoinSpain). Le bitcoin reste largement prédominant : il représente 95 % de la valeur de l'ensemble des monnaies numériques, mais, dans les 5 % qui restent, sans doute de nouvelles idées vont émerger.

1. On peut les retrouver sur le site coinmarketcap.com.

Certaines de ces nouvelles monnaies numériques se destinent moins au paiement proprement dit, même s'il existe toujours bien sûr, qu'aux nouveaux services rendus possibles par la conception même du bitcoin. C'est le cas par exemple d'Etherum dont le jeune fondateur, Vitalik Buterin, veut faire la « colonne vertébrale » d'une multitude de « cyberentreprises autonomes décentralisées » nécessitant très peu de maintenance et de main-d'œuvre : « Les règles de fonctionnement d'une société commerciale, depuis les apports en capital des actionnaires jusqu'au planning du personnel, pourront être transcrites en algorithmes et incluses dans la *blockchain* [la base de données des transactions]. Tout sera géré et enregistré de façon automatique, fiable et transparente[1]. »

Tous ces nouveaux services, encore embryonnaires aujourd'hui, qui permettent de sécuriser une somme d'argent, d'effectuer des paiements, de gérer des droits de propriété, de construire des marchés financiers et des systèmes d'assurance, constituent des outils fiables pour favoriser le développement économique. Les promoteurs de ces technologies « prédisent que la tran sition pourrait commencer par les pays instables, où la monnaie est faible, l'administration chaotique, la propriété privée mal protégée. Pour les nouvelles classes moyennes mondialisées de ces régions, la tentation sera forte de faire migrer leurs activités sur un réseau fiable, neutre, géré par des algorithmes incorruptibles[2]. »

1. « L'ether, la future monnaie qui vaut déjà des millions », www.lemonde.fr, 7 octobre 2014.

2. « Dark Wallet, les anarchistes de l'argent », www.lemonde.fr, 18 octobre 2014.

Cela commence d'ailleurs, en Argentine et au Venezuela. Dans ces pays, la banque centrale fait tourner la planche à billets, ce qui génère une inflation forte ainsi qu'une fuite des capitaux, à laquelle le pouvoir répond par la mise en placc d'un contrôle des changes. Cette limitation drastique des mouvements de capitaux handicape terriblement les entreprises commerçant avec les pays voisins. Dans ce type de situation, assez fréquent en Amérique latine, le dollar sert de « monnaie complémentaire » pour permettre, tout de même, les échanges. On note cette fois que le bitcoin est également utilisé de façon croissante pour contourner les interdits gouvernementaux.

Les perspectives de tous ces services, dont beaucoup restent à inventer, sont potentiellement gigantesques. Des experts disent que le bitcoin aujourd'hui, c'est Internet en 1995, c'est-à-dire le tout début du réseau quand seulement quelques applications avaient émergé (le mail, les forums, les portails) mais que quantité de projets se lançaient dans un joyeux désordre. En 2014, 300 millions de dollars ont été investis par des fonds de capital-risque dans le bitcoin, soit autant qu'en 1999 dans le secteur Internet au global.

Les révolutions peuvent aussi être monétaires

Les guerres, les révolutions, les bouleversements politiques peuvent se traduire sur le terrain de la monnaie. Voyons ce que cela implique.

Lors des guerres de Yougoslavie dans les années 1990, la monnaie de la fédération, le dinar yougoslave, a subi une hyperinflation lorsque le pouvoir central serbe s'est mis à financer sa guerre par la planche à billets. Que s'est-il passé ? Le deutsche mark s'est mis à circuler dans les pays dissidents (Croatie, Slovénie), la monnaie allemande faisant office de monnaie complémentaire « de secours ». Le Monténégro l'adopta même officiellement en 1999 (on a ici l'exemple d'une monnaie complémentaire qui devient « officielle », et cela continue aujourd'hui avec l'euro). Heureusement que la monnaie allemande a pu jouer ce rôle, sinon l'effondrement économique aurait pris des proportions bien plus grandes. Les gens ont pu continuer à commercer et à épargner, plutôt que de se retrouver complètement ruinés.

Si les Allemands de la république de Weimar avaient eu cette chance de disposer d'une autre monnaie (ou d'or en quantité suffisante), ils auraient pu limiter les effets de la destruction de leur économie, et peut-être évité l'impact national que produisit alors Adolf Hitler avec son putsch de Munich réalisé en pleine période d'hyperinflation. Celle-ci fut « la crise sans laquelle Hitler n'aurait jamais été Hitler » selon l'un de ses biographes, Ian Kershaw. L'hyperinflation fut finalement vaincue par la mise en place du rentenmark en octobre 1923, une monnaie complémentaire de transition fondée par une banque créée la même année, la Rentenbank, et gagée sur des actifs réels (usines, terrains, commerces). Son succès fut immédiat, avant que le Reichsmark prenne la suite en 1924.

Voici tout l'effet bénéfique que l'on peut attendre des monnaies complémentaires basées sur des biens réels (or, matières premières ou agricoles, énergie comme le WAT au Japon), et du bitcoin bien sûr. Des monnaies possédant une valeur intrinsèque reconnue constituent une sécurité quasi absolue face aux errements d'un État qui gère sa monnaie comme certains signent des chèques en blanc. Par contre, les monnaies complémentaires rattachées à la monnaie officielle (c'est le cas pour la plupart) n'offrent pas cette garantie. Un occitan de Pézenas vaut un euro, et si l'euro connaît une hyperinflation, l'occitan ne sera d'aucun secours à ses détenteurs.

Faisons un peu d'économie-fiction. Lorsque Richard Nixon suspend la convertibilité du dollar en or le 15 août 1971, celle-ci n'est en fait qu'externe (vis-à-vis des banques centrales des autres pays) mais n'a jamais été interne : l'Américain moyen ne pouvait pas échanger ses dollars contre de l'or en se rendant à la banque centrale. Alors imaginons qu'il en fut ainsi. Imaginons aussi qu'aucune restriction n'ait pesé sur l'or, qui aurait alors pu servir de monnaie. Le 15 août 1971, l'once d'or (31,1 grammes) vaut 35 dollars. Le 1er janvier 1974, elle vaut 160 dollars, soit une multiplication par plus de quatre en moins de trois ans. Tous ceux qui possèdent de l'or voient leur patrimoine prendre énormément de valeur par rapport à ceux qui sont restés en dollars. Naturellement, il s'ensuit un mouvement massif des épargnants vers l'or. On peut aussi supposer que les lingots et pièces en or servent à faire un nombre croissant de transactions, notamment celles portant sur des biens réels importants (immobilier, terres agricoles, matières premières, etc.), de préférence au « dollar papier ». Un tel mouvement de défiance, une telle fuite des capitaux qui auraient quitté le système bancaire pour se réfugier sur l'or, aurait obligé les autorités politiques à réagir, c'est-à-dire à revenir à l'équilibre budgétaire, et à stopper la planche à billets. Cela ne s'est malheureusement pas passé ainsi.

Prenons aussi un exemple de monnaie complémentaire qui n'a pas fonctionné. Lors de la révolution égyptienne de 2011, les prix ont fortement augmenté, l'inflation a dépassé les 10 %, notamment à cause de la perte de valeur de la monnaie nationale, la livre égyptienne. Tout augmentait, y compris les cartes téléphoniques prépayées, c'est-à-dire un objet peu encombrant, pas trop cher ni trop bon marché, et à la valeur stable par rapport aux autres produits de consommation. Les Égyptiens se mirent ainsi à utiliser à grande échelle les cartes téléphoniques comme monnaie complémentaire ! Le problème c'est que les fabricants de cartes ont constaté une demande en hausse, puisque leurs cartes ne servaient plus uniquement à téléphoner mais aussi à commercer, et ils se sont mis à en fabriquer en plus grand nombre, ce qui équivalait à accroître la masse monétaire, à « faire tourner la planche à billets ». Les cartes téléphoniques ont ainsi perdu une partie de leur valeur et les prix exprimés en cartes se sont à leur tour mis à augmenter. Elles finirent par être abandonnées comme monnaie. La leçon à retenir est qu'il ne faut pas prendre une monnaie complémentaire qui puisse être imprimée à volonté. Nous avons vu qu'une monnaie complémentaire interdit par principe toute création monétaire *ex nihilo* (contrairement aux monnaies papier comme l'euro, le dollar, etc.). Les Égyptiens auraient dû créer une monnaie complémentaire ou recourir au bitcoin !

Chapitre 7

Les banques : la sidérurgie de la prochaine décennie ?

Toutes ces technologies et ces nouvelles monnaies demeurent, en volume, encore marginales en France et en Europe. Cependant elles possèdent une forte dynamique et une capacité de rupture impressionnante. En face, les grandes banques ne se rendent sans doute pas vraiment compte que leur modèle perd à la fois de son efficacité et de sa légitimité.

L'importance des moyens de paiement pour les banques

Nous avons vu plus haut que les moyens de paiement (associés à la gestion du compte courant) rapportent globalement aux banques françaises 4,4 milliards d'euros. Il s'agit ici d'une estimation du cabinet McKinsey, ces chiffres n'étant pas publiés en détail par les établissements financiers. Ramenons ce chiffre à l'activité bancaire en général. On distingue trois pôles distincts d'activité dans une banque : la banque de détail (à laquelle se rattachent les moyens de paiement), la gestion d'actifs et la « BFI », banque de financement et d'investissement. Cette dernière regroupe les activités de spéculation pour compte propre (quand la banque « joue » sur les marchés avec son argent), les introductions en bourse et les fusions et acquisitions, activités risquées et très cycliques (elles se sont effondrées à l'occasion de la crise de 2008). La gestion d'actifs (aussi appelée gestion de fortune) consiste à gérer les fonds déposés par les clients importants (particuliers fortunés, entreprises, caisses de retraites). Il s'agit d'une activité stable et rémunératrice mais dans laquelle les banques françaises ne brillent pas particulièrement et se situent loin derrière les banques suisses, luxembourgeoises ou anglaises. Reste la banque de détail, la banque de Monsieur Tout-le-monde. Ce poste, le plus visible, fait preuve d'une grande stabilité (la crise de 2008 resta quasiment sans effet), dégage une confortable rentabilité, et se situe largement devant les deux autres activités en termes de volume. Pour la banque, voici le socle de son activité, le coussin de sécurité, ce qui vient au secours de la BFI lorsqu'elle enregistre de lourdes pertes (crise de 2008, affaire Kerviel, errements du Crédit lyonnais dans les années 1990, etc.).

Selon des chiffres récents[1], le résultat d'exploitation[2] des grandes banques françaises se monte à 6,1 milliards

1. ACPR, *La situation des grands groupes bancaires français à la fin 2012*, Banque de France, juin 2013, p. 12.

2. Le bénéfice net, dernière ligne du compte d'exploitation, est le résultat d'exploitation moins le coût du risque et l'impôt sur le bénéfice.

d'euros dans la BFI, 6,2 milliards d'euros dans la gestion d'actifs et 21,4 milliards d'euros dans la banque de détail. On comprend ainsi l'importance vitale de cette activité. Et on se rend également compte que les moyens de paiement, qui rapportent 4,4 milliards d'euros aux banques, représentent le quart de la rentabilité de la banque de détail[1] (soit presque autant que la BFI ou que la gestion d'actifs). Le reste provient des autres services proposés aux particuliers et aux TPE/PME : crédits, produits d'épargne, assurances, services divers. Il ne faut d'ailleurs pas les séparer nettement, les moyens de paiement sont le « point d'entrée » dans la banque, qui propose ensuite d'autres produits (épargne, crédit, assurances). Si le client quitte la banque parce qu'il trouve les moyens de paiement trop coûteux, tout le reste est perdu !

LE « PLAN » : HABITUER À L'USAGE DU MOBILE

Nous l'avons vu au début, Apple a choisi de ne pas affronter les banques mais au contraire de s'allier avec elles. Déjà possesseur de 800 millions de numéros de cartes bancaires de ses clients via iTunes (dont l'inscription est obligatoire pour les acheteurs d'iPhone et d'iPad), la firme californienne aurait pu proposer un système de paiement comparable à Paypal en permettant à deux titulaires de comptes iTunes de s'envoyer de l'argent. Un tel service serait entré en confrontation

1. On le sait, on compare ici des données provenant de sources différentes, restons-en donc à cette approximation d'un quart, sans la prendre à la lettre.

directe avec les banques (on paye via sa carte bancaire ou via iTunes, et c'est alors autant de perdu pour les banques). Le véritable objectif d'Apple ne consiste pas à attaquer les banques maintenant, alors que la firme entre sur le marché des paiements et ne possède donc pas de position de force, mais à habituer le grand public à payer avec son smartphone. Et au départ ce dernier sera d'autant plus rassuré que sa banque est associée à ce nouveau moyen de paiement. Puis, lorsque l'habitude sera prise, lorsqu'Apple sera devenu incontournable, il sera temps pour lui de renégocier les termes du contrat.

Le chiffre est confidentiel mais, selon des experts, Apple toucherait 0,15 % de commission sur chaque transaction, sur un total de 2 à 3 % en moyenne, ce qui n'est vraiment pas beaucoup. D'autant qu'aux États-Unis les cartes sont magnétiques, et non à puce comme en Europe : elles subissent de ce fait un taux de fraude relativement élevé, auquel Apple apporte une solution définitive (identification par l'iPhone et par l'utilisateur avec ses empreintes digitales). Ce seul service aurait dû être facturé plus cher. Et si l'objectif était d'abord d'endormir les banques ?

Les usages potentiels du smartphone équipé de la puce NFC dépassent les seuls moyens de paiement pour apporter facilité, rapidité et confort à l'urbain du XXIe siècle. Citons la validation de son titre de transport en commun et de son billet de spectacle, le badge d'accès permettant d'accéder à tel ou tel bâtiment (local professionnel, domicile), la gestion centralisée de ses cartes de fidélité, la lecture d'informations sur un produit dans un magasin, et bien d'autres services encore à imaginer. Nul doute que ces services rendront le smartphone plus nécessaire que jamais, on le voit déjà en Corée du Sud, très en avance dans ce domaine. Lorsque tout le monde aura pris l'habitude de payer avec, le pouvoir aura basculé du côté de ceux qui fabriquent les cartes de paiement (les banques) à ceux qui fabriquent les smartphones. Il ne sera alors pas compliqué pour Apple de court-circuiter le système bancaire.

Ce que nous venons de voir pour Apple vaut évidemment pour Samsung et les autres grands constructeurs de smartphones. Cela vaut également pour les opérateurs télécoms comme Orange ou Vodafone, dont nous avons parlé, qui sont également présents sur le paiement mobile. Réaliser le paiement c'est aussi maîtriser la relation client, avec toutes les données qui vont avec, l'historique des achats et les programmes de fidélité. Ceci ne devrait pas manquer d'inquiéter les grandes chaînes de magasins, qui réagissent à leur tour, nous le verrons plus loin. Voici en tout cas les nouveaux acteurs du paiement, et les banques feraient bien de s'inquiéter.

Ce n'est pas l'argent liquide qui pourrait disparaître, mais la carte bancaire !

Les rumeurs de disparition de l'argent liquide sont récurrentes. Encore récemment, en Norvège, un organisme représentant le secteur bancaire prévoyait sa disparition dans le pays d'ici 2020. Ses promoteurs soutiennent que « les solutions de paiement sans liquide contribuent à diminuer les vols avec violence et le blanchiment d'argent[1] ». Un député norvégien a rétorqué « qu'il est naïf de croire que le crime disparaîtra en même temps que l'argent liquide. Le crime se déplacera simplement vers de nouveaux territoires, comme par exemple les fraudes à la carte bancaire, aux paiements électroniques. »

Lorsque l'on sait ce que coûte aux banques la gestion de l'argent liquide, et ce que leur rapportent les cartes bancaires, on comprend qu'elles veulent supprimer le premier au profit des secondes. Mais cela est-il seulement imaginable ? Sous prétexte de lutter contre le crime et l'évasion fiscale, peut-on supprimer l'usage du cash ? Signalons d'ailleurs que ces maux s'accommodent fort bien des réseaux et du système bancaire (*offshore*), les valises de billets appartenant plus aux vieux films de cinéma qu'à la réalité. On n'est pas obligé d'aller vers une société à la *Big Brother* afin d'atteindre un bénéfice tout à fait hypothétique. Et puis une interdiction du liquide constituerait un formidable accélérateur pour les monnaies complémentaires et la remonétisation des pièces d'or et d'argent. Pas sûr que les autorités monétaires le souhaitent.

En revanche, la carte bancaire, ce morceau de plastique, appartient peut-être déjà à une époque révolue : le passage au smartphone la fera disparaître. Les informations qu'elle contient sont d'ailleurs plus en sécurité sur un appareil protégé par l'empreinte digitale de son propriétaire que dans son portefeuille. Au bout du compte, ce sont les banques, qui pensaient pouvoir

1. « L'argent liquide pourrait disparaître dès 2020 en Norvège », www.challenges.fr, 2 août 2014.

étendre leur puissance à l'intégralité des paiements, qui se feront bientôt doubler par les Apple, Orange et autres Paypal. Tel est pris qui croyait prendre.

LE POIDS DES RÉSEAUX BANCAIRES

On compte 370 000 salariés dans la banque française, dont 70 %, soit 260 000, travaillent dans le réseau[1]. Sur ces 260 000 salariés, plus de la moitié (52 %) sont des commerciaux, c'est-à-dire des gens chargés de nous convaincre d'acheter des produits bancaires. Pourquoi faut-il autant de monde ? Ne serait-il pas plus simple de faire des produits directement compétitifs et convaincants ? Les métiers de management et de support (marketing, ressources humaines, juridique, comptabilité) représentent 21 % des effectifs, et les métiers de traitement des opérations (informatique, traitement des opérations bancaires) 27 % des effectifs.

Comparaison n'est pas raison mais tout de même : Paypal, dans le monde, pour plus de 200 millions de comptes, fonctionne avec 13 000 salariés. Bien sûr, la firme américaine ne possède pas de réseau physique, et elle n'a pas non plus des dizaines de milliers de commerciaux, parce qu'elle n'en a pas vraiment besoin, en tout cas pas autant. Et quand on voit que 27 % des effectifs des banques de réseau françaises (70 000 personnes) s'occupent du traitement des opérations bancaires, c'est-à-dire à peu près ce que fait Paypal (qui, c'est vrai, ne gère ni les chèques ni le cash), on se dit qu'il y a peut-être un problème.

1. Chiffres 2012 de la Fédération bancaire française.

Ces réseaux sont le témoignage d'un âge d'or révolu, celui les années 1970-1980, où le taux de bancarisation a explosé, notamment suite à la mensualisation des salaires (non plus versés à la semaine en espèces mais tous les mois à la banque), nous l'avons vu, puis à la généralisation de la carte bancaire. Une époque où Internet n'existait pas (ah si, on avait le Minitel…). La donne a radicalement changé : désormais en France, dans 86 % des cas, c'est via le numérique (principalement l'Internet mobile) que les consommateurs entrent en contact avec leur banque[1]. Le passage chez un acteur de l'Internet (Apple, Paypal, Orange, etc.) peut alors se faire facilement, et quand celui-ci dominera la relation client, la banque sera mise de côté.

Les banques sur Internet qu'ont créées les groupes bancaires ne constituent aucunement une réponse car elles modifient seulement à la marge ce modèle, puisque le client bénéficie certes d'une carte bancaire gratuite, mais les frais que doit payer le commerçant restent identiques, et c'est là tout le problème. Il n'y a pas de rupture dans le modèle, seulement une nouvelle présentation. Bien sûr, les banques garderont toujours un rôle de conseil, mais ce ne sera plus forcément un marché de masse.

La remise en cause d'un modèle

Nous assistons à la remise en cause d'un modèle comme on peut le voir dans nombre d'autres domaines lorsque la logique de réseau fait s'écrouler les citadelles et les

1. Selon l'Observatoire 2013 de l'opinion sur l'image des banques, publié par l'Ifop et la Fédération bancaire française.

rentes. Les communications téléphoniques d'un pays à l'autre sont coûteuses ? Skype (ou Viber plus récemment) lance un service d'appels transitant sur le Net, et donc gratuit. Les SMS sont payants dans la plupart des pays du monde (contrairement à la France) ? Qu'à cela ne tienne, WhatsApp propose une application pour mobile permettant d'échanger sans limite des messages. 600 millions de clients l'ont adopté (l'entreprise a été rachetée par Facebook 19 milliards de dollars en février 2014). Il est parfois compliqué de trouver un taxi dans les grandes métropoles (spécialement à Paris…) ? Uber met en place une application basée sur la géolocalisation qui remporte un succès mondial. Les hôtels sont coûteux et, à certaines périodes, il n'y a plus de chambres disponibles ? AirBnb lance la location par les particuliers et des centaines de milliers d'offres dans 34 000 villes apparaissent sur le marché. Et on pourrait continuer la liste sur des pages entières.

À chaque fois, les entreprises en place font tout pour bloquer ces nouveaux entrants qui remettent en cause leurs rentes. Le plus souvent, elles pratiquent un chantage à l'emploi auprès des responsables politiques afin de durcir la réglementation. On a ici un exemple typique du « capitalisme de copinage » (l'expression vient de l'anglais *crony capitalism*) qui réunit le pouvoir politique et les grandes entreprises ou les corporatismes, au détriment des start-up qui chamboulent les marchés et la chaîne de valeur. Mais ces dernières finissent en général par l'emporter, pour le plus grand bénéfice du client. Chaque secteur a ses spécificités bien sûr, mais la banque n'échappera pas à ce phénomène ; elle sera en partie « désintermédiée ».

LE MEILLEUR AMI DES BANQUES : LES BARRIÈRES RÉGLEMENTAIRES

Les banques ne comptent pas tellement sur leurs filiales Internet pour faire face à la révolution numérique, elles se reposent surtout sur l'arsenal réglementaire qui leur permet de demeurer un oligopole. Créer une banque en France relève quasiment de l'impossible tellement la procédure est complexe et exigeante. Pourtant, ce secteur est en forte croissance depuis le début des années 1980 : il aurait dû attirer des entreprises à la recherche d'une diversification de leurs activités. Le groupe de construction Bouygues s'est bien lancé dans le téléphone portable, pourquoi pas aussi dans la banque ? Lui ou d'autres évidemment. Mais non, cela n'est pas possible, le secteur bancaire est un oligopole et il doit le rester. On compte en France quelques grands groupes (BNP-Paribas, Société générale, Crédit agricole, Banque populaire-Caisses d'épargne, Crédit mutuel), des filiales de grandes banques étrangères, quelques petites banques (Lazard, Rothschild, Delubac, Martin Maurel, Wormser…) et c'est terminé.

Les barrières réglementaires constituent la meilleure protection pour les banques. Pour offrir uniquement des services de paiement, l'obtention d'une licence est possible mais difficile, mais pour proposer des services bancaires complets incluant le crédit ou des produits d'épargne, autant ne pas y penser.

Ce marché protégé n'est pas propre à la France ; même les États-Unis, « patrie du libéralisme », adoptent une logique de fermeture. Walmart, la première chaîne d'hypermarchés, l'une des plus grosses entreprises du monde (2 millions de salariés, 4 900 magasins, 500 milliards de dollars de chiffre d'affaires), a tenté d'obtenir une licence bancaire en 2005, avant de jeter l'éponge deux ans plus tard. Un groupe de cette taille aurait constitué un sérieux concurrent pour les grandes banques du pays (Bank of America, Citigroup, Wells Fargo, JP Morgan, Morgan Stanley, Goldman Sachs). Un refus scandaleux et incompréhensible, qui protège un oligopole et une rente.

Ces barrières réglementaires n'ont plus de légitimité

Le lobby bancaire justifie ces barrières réglementaires par le fait qu'il collecte l'épargne des particuliers, la trésorerie des entreprises et leur fournit des prêts à long terme, et donc que la sécurité dans ce domaine doit être absolue. Il faut impérativement éviter qu'un entrepreneur peu scrupuleux ne récupère des fonds et s'enfuie avec la caisse, ou fasse faillite par incompétence notoire. Nous sommes d'accord, ce métier ne peut pas non plus être ouvert aussi facilement que celui de l'épicerie.

Mais les banques sont-elles à la hauteur de cette exigence ? Depuis la crise de 2008 on peut sérieusement se poser la question tant elle a révélé la grande fragilité du système bancaire. Les déposants n'ont pas perdu leurs économies mais, quelques années plus tard à Chypre, nous l'avons vu, en mars 2013, cela s'est produit pour les détenteurs de comptes de plus 100 000 euros. Ce n'était pas un accident isolé et désormais une directive européenne qui entrera en vigueur le 1er janvier 2016 permettra la ponction des comptes de plus de 100 000 euros au cas où une banque risquerait de tomber en faillite. Pourquoi faut-il autant de barrières à l'entrée si les banques ne sont plus capables de garantir l'argent que les épargnants leur confient ?

En outre, on peut noter une chose tout à fait contradictoire dans le comportement des banques : elles réclament à cor et à cri la déréglementation de leur métier, elles ont obtenu la fin de la séparation entre les activités de dépôt et les activités de marché (que le *Glass-Steagall Act* de 1933 rendait obligatoire aux États-Unis), elles protestent contre toute entrave réglementaire, mais lorsque des nouveaux entrants frappent à la porte, celle-ci reste fermée à triple tour ! Cette attitude n'est plus tenable.

D'autant que l'honnêteté des banques peut être mise en doute, plusieurs procès l'ont démontré, sur ce qui représente le cœur de leur métier. Le Libor désigne le taux de référence interbancaire, c'est-à-dire le taux auquel les banques se prêtent de l'argent (Libor est l'acronyme de *London interbank offered rate*, en français : taux interbancaire pratiqué à Londres). Il sert de référence à des milliers de produits financiers dans le monde, dont les prêts aux particuliers (pour lesquels le taux est exprimé sous la forme : Libor, ou Euribor pour l'euro, + *x* %). Ce taux crucial, donc, a été manipulé par les grandes banques suite à la crise de 2008, de façon à enregistrer des profits totalement indus. Tous ceux qui détenaient des produits liés d'une façon ou d'une autre au Libor ou à l'Euribor ont été floués.

Pour ces affaires, la commission de Bruxelles a infligé des amendes pour un total record de 1,7 milliard d'euros. Toutes les grandes banques sont touchées : Barclays, Deutsche Bank, Société générale, UBS, RBS, JP Morgan, Citigroup, tandis que l'enquête se poursuit concernant Crédit agricole et HSBC. Des procès équivalents ont eu lieu à Londres et aux États-Unis. Le commissaire chargé de la politique de la concurrence a déclaré à cette occasion, en décembre 2013 : « Ce qui est choquant, dans les scandales du Libor et de l'Euribor, ce n'est pas seulement la manipulation des indices de référence, mais aussi la collusion entre des banques qui sont censées se faire concurrence. La transparence et une saine concurrence sont indispensables pour que les marchés financiers fonctionnent correctement, au service de l'économie réelle plutôt que des intérêts de quelques-uns[1]. » On ne peut évidemment qu'approuver.

Les banques risquent de s'effondrer toutes seules !

Ceci dit, la banque telle qu'on la connaît aujourd'hui va peut-être se tuer toute seule, sans que les nouveaux acteurs de l'Internet et des télécoms y soient pour grand-chose ! Nous avons parlé de la banque de réseau jusqu'ici, mais il est temps de s'intéresser un peu à la « BFI », la banque de financement et d'investissement, plus communément appelée banque de marché. Cette division offre des services pointus à des entreprises ou

1. « Scandale du Libor : Bruxelles inflige des amendes records », www.lefigaro.fr, 4 décembre 2013.

à des structures financières, notamment par le biais des produits dérivés : par exemple, Airbus payant ses salaires et ses fournisseurs en euros et vendant ses avions en dollars, il souhaite se prémunir contre les variations de cours de l'euro face au dollar. Airbus passe donc par une banque qui couvre cette position sur le marché des produits dérivés[1]. Mais ces services à l'économie réelle ne sont pas prédominants, les banques jouent aussi une partie de leurs fonds propres en prenant des risques parfois inconsidérés.

Ainsi, la banque qui possède la plus forte exposition aux produits dérivés dans le monde n'est pas américaine comme on aurait pu le penser, mais européenne : il s'agit de la Deutsche Bank. Comme l'indique son rapport annuel 2012, la banque est exposée à hauteur de, attention retour à la ligne :
55 605 039 000 000 euros, autrement dit 55 605 milliards d'euros ou 55 mille milliards d'euros.

Par comparaison, le PIB de l'Allemagne s'élevait en 2012 à 2 644 milliards d'euros, ce qui signifie que les engagements de la première banque du pays dans les produits dérivés sont 20 fois plus élevés que toute la richesse créée en un an dans la première puissance économique européenne. L'Europe détient le record, et

1. Un produit dérivé est un contrat entre deux parties dont la valeur est déterminée par les variations de prix d'un actif sous-jacent (obligation, action, matière première, devise). Il sert à se protéger contre des variations de prix ou de taux d'intérêt, ou à spéculer. Autre type de produit dérivé, le CDS *(credit default swap)*, qui sert à se protéger d'un événement de crédit (un emprunteur, État ou entreprise, qui fait défaut). La majorité des contrats sont négociés de gré à gré, et non sur un marché, c'est-à-dire dans l'opacité la plus complète.

il s'agit de la première banque au cœur de la première puissance européenne, il n'y a pas de quoi être fier. Mais il ne faudrait pas s'inquiéter selon les comptables de la banque allemande, car tous ces engagements sont compensés et, au final, l'exposition nette ressort à 20,3 milliards d'euros seulement. C'est ce qu'expliquent les dirigeants des grandes banques lorsqu'on met ce sujet sur la table : les positions s'équilibrent. Quand un engagement est pris sur un produit dérivé, la banque achète une protection (la position inverse) pour se prémunir. Mais au fait, à qui achète-t-elle cette protection ? À une autre banque… En réalité toutes les grandes banques se vendent des produits dérivés, ce qui signifie que si l'une d'entre elles fait faillite, toutes les autres plongent ! Les protections vendues par la banque en faillite s'évanouissent, les autres banques voient leur exposition nette exploser et tombent également. C'est ce qui a failli se produire avec la faillite d'AIG en septembre 2008, qui était la contrepartie de nombreux établissements financiers, et qui a été sauvée en catastrophe par l'État américain. Le calcul de l'exposition nette est ainsi purement théorique. Toutes les grandes banques se tiennent ainsi en équilibre sur une montagne de produits dérivés qui provoquerait un cataclysme si elle venait à s'effondrer en cas de nouvelle crise.

En décembre 2013, les autorités financières commencent à s'inquiéter de l'exposition de la Deutsche Bank aux produits dérivés. Enfin, pas les autorités allemandes, ni européennes, comme on pourrait le penser, et l'espérer, mais les autorités américaines.

Dans un courrier adressé à la banque allemande[1], la Fed (banque fédérale) de New York dénonce en effet un « risque opérationnel important ». Elle affirme que les rapports financiers de la banque concernant les produits dérivés « sont de faible qualité, imprécis et non fiables. La taille et l'étendue des erreurs suggèrent fortement que l'ensemble de la structure de reporting réglementaire de l'entreprise nécessite une profonde remise à niveau. » Un porte-parole de la Deutsche Bank a répondu que la banque s'engageait à renforcer ses systèmes de contrôle…

La Banque des règlements internationaux (BRI) a publié en 2014 une étude statistique sur le montant des produits dérivés dans le monde à la fin 2013 : ceux-ci atteignent le chiffre incroyable de 710 000 milliards de dollars. Pour prendre un élément de comparaison, le PIB des États-Unis en 2013 se monte à 16 000 milliards de dollars, soit 44 fois moins. Et cette masse de produits dérivés est supérieure de 20 % au record précédent, qui date de juste avant la crise de 2008…

La réglementation Bâle III ne protège pas les banques

Face aux inquiétudes des épargnants, les banquiers opposent la réglementation qui régit les banques mondiales et leur enjoint de contrôler leurs risques, connue sous le nom de Bâle III (troisième version des accords

1. « NY Fed Slams Deutsche Bank (And Its €55 Trillion In Derivatives): Accuses It Of "Significant Operational Risk" », www.zerohedge.com, 22 juillet 2014.

négociés dans la ville suisse). Cependant, même si elle poursuit des intentions louables, cette réglementation contraignante génère des effets pervers.

Afin de limiter les prises de risque des banques, Bâle III affecte un coefficient à chaque type d'actif. Pour des prêts immobiliers aux particuliers, une banque doit garder tel pourcentage du montant total en liquidité, pour du crédit aux entreprises, tel autre pourcentage, etc. L'intention est d'obliger les banques à posséder un coussin de liquidités en cas de crise ou de retournement de conjoncture. Fort bien. Mais les emprunts d'État de la zone euro étant considérés comme sûrs, les banques ne sont pas obligées de geler du cash en contrepartie de leurs engagements. On voit ici le résultat du lobbying des États qui doivent bien trouver des acheteurs à leur volume croissant de dette. Conséquence : il est beaucoup moins coûteux pour une banque d'investir dans de la dette souveraine que de faire du crédit, puisqu'il n'y a pas besoin de bloquer des liquidités !

L'agence Fitch[1] a mesuré les effets de cette réglementation depuis sa mise en place en décembre 2010. Depuis cette date, les 16 plus importantes banques européennes ont augmenté de 26 % leur exposition à la dette souveraine, pour atteindre le montant de 550 milliards d'euros. Dans le même temps, elles ont réduit leur détention d'obligations d'entreprises de 9 % pour s'établir à 440 milliards d'euros, et les prêts aux entreprises ont également reculé de 9 %

1. « Basel III Spurs Rise in European G-SIB Sovereign Exposure; Corporates, Interbank Lending », Fitch, 4 novembre 2013.

pour atteindre 275 milliards d'euros. Seuls les prêts immobiliers s'accroissent sur la période, de 12 %, à 275 milliards d'euros. Cette évolution est tragique : les banques se désengagent de l'investissement productif (crédit et obligations d'entreprises) pour s'orienter vers le financement des États et l'économie de la rente (l'immobilier).

Surtout, le risque systémique augmente pour le système financier, alors qu'au départ on cherchait à le diminuer : les banques détiennent de plus en plus d'emprunts d'État, elles dépendent donc de plus en plus de leur solidité financière. Si un pays (l'Italie, l'Espagne, la France) fait défaut ou doit restructurer sa dette, ses banques tombent en faillite, et les épargnants sont ruinés. Cela montre que la réglementation Bâle III n'apporte en rien une réponse à la crise financière actuelle, qu'elle la renforce même, et que nous sommes juste ici dans une politique d'affichage.

C'est tellement vrai que si la réglementation devient trop exigeante, les banques la vident de sa substance, comme cela est arrivé début 2013 avec le *liquidity coverage ratio* (LCR). La crise de 2008 a montré que des banques solvables, mais à court de liquidité, pouvaient se retrouver en faillite. Un krach financier peut envoyer au tapis une institution financière en relative bonne santé mais à court de cash : l'argent ne circule plus, les déposants vident leurs comptes, et la banque n'a tout simplement plus de quoi fonctionner. L'idée consistait donc à obliger les banques à « tenir » 30 jours sans aucun accès au marché, à avoir à leur disposition des fonds aisément mobilisables, même dans une situation extrême. Ce LCR ne devait au départ prendre en compte que des actifs de grande qualité et très liquides, mais toutes ces liquidités gelées « au cas où » embêtent les banques car elles représentent un coût. Elles ont alors menacé de restreindre encore le crédit aux entreprises, déjà en berne. Résultat, de nouveaux actifs ont été acceptés à titre de garantie, comme des obligations d'entreprises ou même des crédits immobiliers titrisés (ce qu'étaient les *subprimes*, qui ont explosé en 2008) ! Et pour couronner le tout, la date d'entrée en vigueur a été repoussée en 2019. Autant le dire, l'une des plus utiles dispositions de Bâle III tombe à l'eau.

Le G20 s'inquiète de la solidité des grandes banques mondiales

L'organisme du G20 en charge de la régulation financière, le Conseil de stabilité financière (FSB, *Financial Stability Board*), s'inquiète de la capacité des grandes banques mondiales à résister à une prochaine crise. Dans une étude publiée le 10 novembre 2014[1], le FSB désigne 30 grands groupes bancaires dont la faillite représenterait un risque systémique pour l'économie mondiale, parmi lesquels HSBC, JP Morgan, Deutsche Bank, BNP Paribas ou Agricultural Bank of China. Il suggère que ces banques mettent en réserve l'équivalent de 16 à 20 % de leurs actifs pondérés en fonction des risques.

1. « Adequacy of Loss-Absorbing Capacity of Global Systemically Important Banks in resolution », cf. www.financialstabilityboard.org.

Deux éléments sont à noter : d'abord cette exigence de fonds propres dépasse largement la réglementation actuelle de Bâle III, ce qui veut dite que le FSB n'accorde aucune crédibilité au principal organisme chargé de veiller à la solidité des banques dans le monde. Deuxièmement, le FSB n'accorde aucune valeur aux stress-tests que la Banque centrale européenne (BCE) vient de faire passer aux banques européennes et qui décernent un satisfecit à toutes les grandes banques de la zone euro. Ces stress-tests, il est vrai, ont complètement fait l'impasse sur le risque systémique et se sont contentés de mettre à l'index des banques de second rang en Grèce, en Italie ou au Portugal. Le FSB considère que Bâle et la BCE ne font pas correctement leur travail. Va-t-il falloir réguler les organismes de régulation ? Il le semble en effet !

Selon l'agence de notation Scope, si le FSB retient son hypothèse la plus sévère, il manquerait à BNP Paribas 25,5 milliards d'euros de fonds propres et à l'espagnol Santander 17,6 milliards d'euros. Voilà qui en dit long sur la fragilité de ces banques. Les grandes banques françaises font toutes partie de cette liste. Leur risque systémique élevé s'explique par la forte concentration du secteur puisque quatre banques monopolisent l'essentiel de l'activité : le Crédit agricole (qui a racheté le Crédit lyonnais en 2002), BNP Paribas (né de la fusion de la BNP et de Paribas en 2000, et qui a racheté Fortis en 2009), la Société générale et BPCE (Banque populaire-Caisses d'épargne). Signalons juste au passage que le total du bilan de BNP Paribas est égal au PIB de la France (2 000 milliards d'euros). Nous avons ainsi quatre mastodontes que l'État est condamné à aider quoi qu'il arrive : les banques françaises ont parfaitement théorisé et appliqué le *too big to fail* (trop grosse pour faire faillite) !

La réponse de la Fédération bancaire française à l'étude du FSB vaut le détour : « Le dispositif envisagé par le FSB est redondant avec des mesures qui ont déjà été prises en Europe pour renforcer la capacité des banques à faire face à des difficultés, notamment la directive européenne relative à la prévention des crises bancaires et la création du fonds de résolution unique européen préfinancé[1]. » Précisément, la « directive européenne relative à la prévention des crises bancaires » prévoit, en cas de crise, de ponctionner directement les comptes des déposants, comme nous l'avons dit plus haut. Ce n'est pas la peine d'augmenter les fonds propres puisque nous pourrons puiser dans les comptes bancaires ! Voilà qui devrait rassurer tous les épargnants français.

1. « Le G20 veut durcir les règles bancaires », www.lefigaro.fr, 10 novembre 2014.

Chapitre 8

La guerre est ouverte !

Il ne faudrait pas résumer ce qui se passe dans le domaine des paiements et des services bancaires en un affrontement entre les « anciens » (les banques) et les « modernes » (les grands groupes Internet et télécoms), non, tout le monde se tire dans les pattes ! Les enjeux sont gigantesques : aujourd'hui, 27 % de la population mondiale dispose d'un smartphone, et ce chiffre montera à 52 % dans trois ans seulement[1]. En France, déjà 30 % des 1,8 million de commerçants sont équipés de terminaux de paiement sans contact, mais ces transactions pèsent pour le moment tout juste 1 % des montants totaux. Nous sommes au début de l'explosion de ce marché.

1. « Global Equity Themes », rapport de Credit Suisse, septembre 2014.

Apple Pay est boycotté par des chaînes de magasins…

Tim Cook, le patron d'Apple, s'est déclaré satisfait du démarrage de sa solution de paiement avec plus d'un million de nouveaux inscrits à Apple Pay au cours des trois premiers jours de commercialisation de l'iPhone 6. Cependant, plusieurs chaînes de magasins ont carrément décidé de désactiver ou de modifier leurs lecteurs NFC pour que ceux-ci ne fonctionnent pas avec les smartphones d'Apple. La révolte est menée par les géants de la distribution Walmart et Best Buy, les stations-service Exxon et Shell, et réunit 110 000 magasins à travers les États-Unis, totalisant plus de 1 000 milliards de dollars de ventes. Tous n'interdisent pas Apple Pay, mais ils ont une idée derrière la tête : ces chaînes se sont réunies au sein de la « Merchant Customer Exchange » pour lancer leur propre système de paiement, CurrentC !

CurrentC fonctionne différemment d'Apple Pay, il prend même le contre-pied de la plupart des solutions de paiement sur mobile qui se développent aujourd'hui puisqu'il n'utilise pas la puce NFC mais, plus simplement, le QR code (ce petit damier noir et blanc que l'on prend en photo). Seuls les smartphones de la dernière génération possèdent une puce NFC, tandis que le QR code est lisible sur l'ensemble de ces appareils. L'objectif consiste ici clairement à toucher un maximum de personnes (tous ceux dotés d'un smartphone) et la totalité des magasins (même ceux dont la machine à carte bancaire n'est pas équipée de la puce NFC). Autre avantage, surtout pour le marchand : l'historique des achats des clients est enregistré, alors qu'Apple Pay masque le nom de l'utilisateur. Ces données marketing valent de l'or et les magasins ne veulent bien sûr pas s'en priver.

Mais l'énorme avantage de CurrentC consiste à court-circuiter le système des cartes bancaires, et les coûts qui lui sont associés, alors qu'Apple travaille avec. L'application ne s'appuiera pas sur la carte bancaire du client pour réaliser les transactions mais passera directement par son compte bancaire, ce qui permettra d'économiser 2 à 3 % sur chaque transaction, un montant significatif. CurrentC est plus offensif, plus disruptif en n'hésitant pas à écraser les coûts. Ses promoteurs ont compris que la force motrice derrière le développement d'une solution de paiement mobile consiste à éviter de payer des frais de transaction de carte de crédit aux sociétés comme Visa et Mastercard. Ce nouveau service montre clairement que les grandes chaînes de magasins veulent être de la partie et avoir leur mot à dire sur les moyens de paiement.

En France aussi la résistance s'organise face à l'arrivée d'Apple Pay. Auchan teste dans quelques magasins sa propre solution de paiement, assez proche de CurrentC : Flash & Pay est accessible via l'appli MyAuchan et permet d'entrer ses cartes de crédit et de fidélité, ainsi que de stocker ses bons de réduction. Au moment de payer, on flashe un QR code ou on bipe avec son téléphone muni d'une puce NFC. Garder la relation avec le client (historique des achats, carte de fidélité et de crédit, promotions personnalisées) est crucial pour les grandes enseignes et, dans ce cadre, Apple Pay (qui ne dévoile pas le nom du propriétaire de l'iPhone, on le rappelle) représente une menace. Néanmoins, dans le cas français, un autre problème apparaît : l'application reste limitée aux magasins de l'enseigne Auchan et les choses vont devenir compliquées si les clients doivent jongler avec plusieurs applis en fonction de la chaîne où ils achètent ! Aux États-Unis, les grandes chaînes ont au contraire décidé de jouer collectif avec CurrentC, ce qui favorise bien sûr une adoption plus rapide et plus large par le grand public.

WALMART, LE GÉANT AMÉRICAIN DE LA DISTRIBUTION, JOUE PLUSIEURS CARTES

Walmart, première chaîne d'hypermarchés aux États-Unis, et l'une des plus grosses entreprises du monde, ne peut pas mettre tous ses œufs dans le même panier. Si CurrentC est prometteur, rien ne garantit sa réussite. Et ce système fonctionne à l'écart des cartes bancaires, il ne permet donc pas de retirer de l'argent liquide dans les distributeurs, qui sont gérés par les banques.

D'un autre côté, Walmart est en guerre ouverte avec les banques auxquelles elle reproche le montant de leurs commissions sur les cartes de paiement, n'hésitant pas à aller au procès (en 2005 puis en 2014, contre Visa et Mastercard). Pire (pour les banques), la chaîne a tenté d'obtenir une licence bancaire en 2005, avant d'abandonner deux ans plus tard, vaincue par le lobby bancaire.

Qu'à cela ne tienne, Walmart s'est alliée à une petite structure financière détentrice de la précieuse licence, GoBank, filiale de Green Dot Corporation, spécialisé dans les cartes prépayées. Ce service est ouvert à tous, même aux personnes qui ont eu des accidents de paiement et se trouvent sur la liste rouge. Ouvrir un compte ne coûte que 2,95 dollars. Ces cartes de débit associées à Mastercard et Visa sont rechargeables chez Walmart et donnent accès à un réseau de 42 000 distributeurs de billets. Il s'agit clairement d'une carte *low cost*, et qui plus est ouverte aux populations sous-bancarisées ou exclues. L'idée est comparable au Compte-Nickel en France.

En Chine, Alibaba bouscule tout

Un autre géant du Web entre dans la danse, il est chinois mais s'est introduit à la bourse de New York en septembre 2014 pour lever 25 milliards de dollars, ce qui valorise le groupe à 168 milliards de dollars : il s'agit d'Alibaba, l'eBay chinois. C'est la plus importante introduction en bourse de l'histoire, tout simplement.

Un mois après cette entrée fracassante à Wall Street, Alibaba obtenait de Pékin une licence bancaire qui lui permettra de collecter des dépôts et d'offrir tous les services classiques de la profession. Le groupe avait déjà lancé Alipay en 2004, un système de transfert d'argent (comme Paypal), puis, en 2013, un fonds de placement, Yu'Ebao, qui a réussi à convaincre 81 millions de clients du site (sur un total de 300 millions) d'y placer une partie de leurs économies, soit 28 milliards de dollars. Ce fonds est devenu, en l'espace d'un an, le plus important en Chine. L'autorité bancaire chinoise s'inquiétait d'ailleurs qu'Alibaba gère des montants si importants sans avoir suffisamment de fonds propres, comme les banques y sont obligées. On peut ainsi considérer que l'introduction en bourse a servi principalement à lever cet argent nécessaire pour consolider l'activité bancaire d'Alibaba. Le groupe est désormais armé pour concurrencer frontalement les banques chinoises, il sera intéressant d'observer ce qui se passera. On remarque tout de même qu'il est plus facile d'obtenir une licence bancaire en Chine qu'aux États-Unis, puisque même le géant Walmart a échoué…

Apple menace Paypal…

Apple menace les banques, nous le savons, mais d'autres acteurs pourraient également avoir des craintes à nourrir. La firme californienne a choisi, au début, de nouer des partenariats avec le système bancaire parce que son but premier consiste à habituer ses clients à payer avec leur iPhone. Mais elle poursuit également un autre objectif : tailler des croupières à Paypal. Le pionnier du paiement sur Internet est fort de plus de 200 millions de clients, mais il cherche justement en ce moment à migrer vers les commerces « réels », à permettre de payer avec sa solution via son smartphone. Paypal s'est séparé en septembre 2014 de son actionnaire principal, le site de ventes aux enchères eBay, pour devenir autonome et pouvoir choisir ses partenaires en toute indépendance. Il a, juste après, annoncé un accord avec Samsung, le premier constructeur de smartphones au monde. Le choc avec Apple est donc frontal.

Vérité d'un côté du Pacifique ne l'est pas forcément de l'autre côté. En Chine, l'équivalent de Paypal s'appelle Alipay et il est détenu par le géant Alibaba. En octobre 2014, Apple et Alipay ont annoncé travailler ensemble à l'intégration de leurs services. Les problématiques sont différentes : aux États-Unis, Apple est sûr de sa force et peut se permettre de défier Paypal, mais en Chine ce n'est pas le cas, Samsung est numéro un et plusieurs constructeurs chinois de smartphones s'imposent (Xiaomi, Huawei) et proposent des produits très compétitifs. La firme de Cupertino s'assure donc le partenariat du leader du paiement Internet pour ne surtout pas se retrouver évincée.

… AINSI QUE LES OPÉRATEURS MOBILES

Quelques semaines après la sortie de son iPhone 6, Apple a présenté ses nouveaux iPad le 16 octobre 2014. Mais lors de cette conférence, ni le patron Tim Cook ni aucun dirigeant n'ont parlé de la nouvelle la plus importante, proprement révolutionnaire. C'est seulement quelques jours plus tard que des sites spécialisés ont annoncé l'apparition de « l'Apple SIM ».

Les iPad se connectent habituellement en wifi, mais moyennant un supplément on peut acquérir un modèle permettant de se connecter au réseau cellulaire (3G ou 4G). Il faut alors choisir un opérateur, dont on devient client pour une longue durée (au moins deux ans aux

États-Unis, un an en France). Apple touche peut-être une commission sur cet abonnement, mais pas plus, et la relation commerciale qui s'inscrit dans le temps est celle de l'opérateur téléphonique.

L'Apple SIM renverse complètement ce rapport de force à son profit : pour le forfait, on devient client d'Apple, qui ensuite négocie auprès des opérateurs mobiles, ravalés au rang de simples fournisseurs de « paquets de données mobiles ». On imagine les dégâts si les iPhone proposaient cette technologie… Pour son forfait, le client est en relation exclusive avec Apple, il peut passer d'un opérateur à l'autre en fonction des promotions, pour quelques mois ou semaines, intensifiant ainsi la concurrence, et rognant d'autant les marges. Les opérateurs perdent le contact client – pour eux, c'est une catastrophe – tandis qu'Apple noue une relation encore plus globale avec lui. Pour un expert de Juniper Research, un cabinet spécialisé dans les télécoms, c'est une « bombe atomique pour le secteur ».

Toute la logique de fonctionnement des opérateurs mobiles est remise en cause. Aujourd'hui, quand un client achète un iPhone, il se rend chez son opérateur qui lui vend un modèle verrouillé pour fonctionner uniquement sur son réseau (on parle de « simlockage »). L'abonné se retrouve alors captif de son fournisseur, qui peut lui proposer d'autres services (ligne fixe, Internet fixe, bouquet de chaînes de télévision, assurances, etc.). Dans ce nouveau modèle, Apple garde le contrôle de ses utilisateurs et se contente de reverser une commission aux opérateurs, réduits au simple rang d'intermédiaires. Les opérateurs mobiles, qui s'activent pour entrer sur le marché des paiements, voient ainsi les portes à peine ouvertes se refermer sur leur nez.

Évidemment, ces grands groupes ont compris le danger mortel qui les menace et ils réagissent. Initialement, sans doute bernés par Apple, les opérateurs présents sur le sol américain (AT&T, T-Mobile US, Sprint) avaient accepté de jouer le jeu, à l'exception de Verizon. Changement d'attitude lorsque l'information sort dans la presse : AT&T bloque le système en interdisant le passage à un concurrent et oblige à signer un accord de longue durée.

Apple ne peut pas entrer en conflit avec les opérateurs mobiles, car la plupart des iPhone sont vendus dans les boutiques de ces derniers. Il s'agit pour la firme d'avancer petit à petit : d'abord les iPad, qui ne permettent pas de téléphoner (enfin si, avec FaceTime ou Skype), pour faire avancer l'idée sans heurter le secteur des télécoms, avant de faire d'autres pas… Apple se comporte ici comme dans le domaine du paiement avec les banques : jouer « ami-ami » tout en développant sa technologie et habituer progressivement le consommateur… Viendra ensuite le moment de provoquer la rupture, la disruption.

L'enjeu de la lecture des cartes bancaires

Un autre marché, déjà significatif aux États-Unis et promis à une forte croissance, suscite des convoitises et attire les start-up comme les grands groupes : celui des lecteurs de cartes bancaires *low cost*. En effet, pour un commerçant, s'équiper d'un lecteur traditionnel coûte cher, et ce d'autant plus, en proportion, que le chiffre d'affaires est faible. Pour nombre de petites échoppes ou d'artisans, il s'avère trop coûteux de s'en équiper, au risque de perdre une partie de la clientèle qui ne dispose souvent que de ce moyen de paiement.

Des start-up se sont engouffrées dans la brèche, la plus connue étant l'Américain Square, créée par Jack Dorsey, un des fondateurs de Twitter. La société fabrique un petit lecteur de cartes qui se fixe sur la prise jack (audio) de son smartphone (Apple ou Android). On télécharge l'application dédiée et, immédiatement, on peut encaisser des paiements par carte ! La commission est de 2,75 % par transaction, mais il s'agit là des seuls frais demandés. Par rapport aux 3 à 5 % que coûte une machine à carte bleue classique, la solution devient tentante pour un petit commerçant, voire pour des activités qui, jusqu'ici, n'imaginaient même pas s'équiper (baby-sitter, plombier, petits artisans…). Square compte plus de 3 millions de clients aux États-Unis et a traité plus de 10 milliards de dollars de transactions en 2013.

Square ambitionne de se développer en Europe, mais ce sera pour lui plus difficile : le taux d'équipement des commerçants en terminaux de paiement CB y est plus élevé qu'aux États-Unis et, surtout, de nombreux concurrents se sont déjà lancés comme le Germano-Irlandais SumUp, le Suédois iZettle, l'Allemand Payleven ou l'Italien Jusp. En France, Orange s'est lancé sur ce créneau en mars 2014 en partenariat avec Ingenico (nous en avons parlé à l'occasion d'Orange

Money). Par ailleurs, techniquement la solution n'est pas identique pour les cartes magnétiques (aux États-Unis), où un simple lecteur branché sur la prise jack suffit, et les cartes à puce (en Europe), où il faut un petit boîtier (pour taper le code PIN) relié au smartphone par Bluetooth.

Comme on peut s'en douter, ce marché en pleine expansion a attiré plusieurs « gros poissons » du Web. Paypal a lancé une solution du même type aux États-Unis (capable de lire les cartes magnétiques), ainsi qu'en Europe en 2013 (avec un petit boîtier, pour lire les cartes à puce), avec cependant une commission plus élevée (3,4 % pour l'Europe). Et surtout, le géant Amazon a lancé sa propre solution en août 2014, avec un argument massue : une commission de 1,75 % sur toutes les transactions jusqu'au 1er janvier 2016, et 2,5 % après cette date (contre 2,75 % pour Square, rappellons-le). S'il ne gagne pas d'argent à ce tarif, Amazon cherche surtout à vendre un ensemble complet de logiciels aux petits commerçants (gestion des stocks, comptabilité, bons de réduction).

Ces acteurs font le travail que devraient faire les banques mais qu'elles dédaignent parce que ça ne leur rapporte pas assez. Elles sont assises sur leur rente et refusent d'imaginer une solution accessible aux petits commerces, aux artisans et aux particuliers qui proposent ponctuellement des services. Ce mépris leur coûtera cher, notamment parce que les clients fidélisés qui verront leur chiffre d'affaires croître ne basculeront pas vers le terminal de paiement traditionnel mais garderont leur solution d'origine. D'autre part, parce qu'au fur et à mesure de leur montée en puissance, ces nouveaux acteurs pourront négocier (avec les banques, Visa et Mastercard) des commissions plus faibles, et faire ainsi baisser ces 2,75 % de commission. Ils entreront alors en concurrence frontale avec les terminaux habituels et pèseront à la baisse sur les commissions que prend le système bancaire aujourd'hui.

La chaîne de café Starbucks est entrée au capital de Square et l'accepte comme mode de paiement dans ses 7 000 enseignes américaines. Voici un formidable accélérateur, et sans doute aussi un moyen de pression de la chaîne sur les banques pour négocier au mieux ses commissions de carte bancaire. Square devient même un écosystème qui peut fonctionner sans carte bancaire : le consommateur qui a déjà réalisé un achat chez un commerçant sera, à son prochain passage, identifié automatiquement via son smartphone, et pourra ainsi payer sans sortir sa carte. Si avec ça les banques ne comprennent pas le danger…

L'argent liquide sera-t-il un jour payant ?

Nous avons dit plus haut que ce n'est sans doute pas l'argent liquide qui va disparaître, comme la rumeur insistante (propagée par les banques) le laisse penser, mais plus sûrement la carte bancaire traditionnelle en plastique gérée par les banques. À tout le moins, dans les années qui viennent, le système bancaire se verra largement désintermédié sur les cartes bancaires, très rentables, tout en étant obligé par la loi à continuer de traiter les chèques et à fournir l'argent liquide au travers des milliers de distributeurs automatiques de billets (DAB), sans être rémunéré pour cela. La situation deviendra intenable. Si l'on peut envisager une disparition progressive du chèque, ce n'est pas le cas pour le liquide.

Alors, pour sauvegarder la circulation des billets, pourquoi ne pas faire payer leur usage sous forme d'une commission prélevée à chaque retrait depuis un DAB ? On entend déjà les cris de protestation des gens outrés de devoir payer un service qui a toujours été gratuit. Ces mêmes personnes ignorent ce que leur coûte leur carte bancaire. Répétons-le, chacun pense que sa carte bleue lui coûte quelques dizaines d'euros par an, ou même rien s'il passe par une banque sur Internet. Rien n'est plus faux puisque les paiements par carte coûtent 2 à 3 % de la transaction, et même jusqu'à 5 % pour les petits commerçants, que ceux-ci répercutent évidemment sur le prix des biens et services qu'ils vendent. Le client paye donc cette commission sans s'en rendre compte. Il devrait plutôt se poser la question de savoir ce qu'il pourrait se payer avec 2 à 3 % de ses dépenses annuelles par carte bancaire – certainement pas mal de choses –, mais pour l'instant ce sont les banques qui en profitent.

Aller vers la vérité des prix constitue toujours un progrès : cette transparence contribue à éliminer les rentes, elle favorise la concurrence et l'arrivée de nouveaux entrants. Ce que l'on perdrait d'un côté (les retraits en liquide) serait largement contrebalancé par ce que l'on gagnerait sur les commissions sur paiements électroniques fixés par la concurrence, et non par un oligopole comme c'est le cas aujourd'hui. Rappelons qu'en France nous effectuons un peu plus de la moitié de nos achats en liquide, mais que ceux-ci représentent seulement 5 % du montant total de nos dépenses, et c'est ce dernier chiffre qui importe car une commission s'applique à un montant en volume.

D'ailleurs, la facturation des retraits a déjà commencé, à un petit niveau : lorsque l'on retire de l'argent dans le DAB d'une autre banque que la sienne, au bout de trois fois dans le mois en général on doit payer une petite commission. Il s'agit d'inciter le client à privilégier sa banque, car les transferts de cash d'une banque à l'autre coûtent de l'argent. Le Compte-Nickel fait payer chaque retrait d'espèce (0,50 euro chez le buraliste, 1 euro dans un DAB, quel que soit le montant). Dans les faits, le début du paiement de l'argent liquide a commencé.

Les grands acteurs en jeu

On le voit, plusieurs types d'acteurs se positionnent par rapport au paiement, mais sans affronter les banques (sauf pour CurrentC, et sauf en Chine où Alibaba bouscule tout). Ils cherchent plutôt des partenariats, l'objectif étant d'abord d'habituer le consommateur à utiliser son smartphone pour payer, avant de changer la donne. Les « coups », ce sont ces nouveaux acteurs qui se les donnent entre eux ; il s'agit en quelque sorte de la demi-finale, la finale (contre les banques) aura lieu plus tard. C'est CurrentC contre Apple Pay, nous l'avons vu, Apple qui menace Paypal et les opérateurs télécoms. En France, les trois opérateurs télécoms (Orange, SFR, Bouygues) ont lancé en 2011 Buyster, un concurrent direct de Paypal, mais ce service n'a pas réussi à convaincre et il a été fermé en 2014.

Parmi les grands types d'acteurs on peut distinguer, dans le sillage du premier impétrant, Paypal, les fabricants de smartphones (Apple Pay, Samsung avec Paypal), les opérateurs télécoms (Orange et Vodafone avec leurs services en Afrique), les grands distributeurs (Walmart avec CurrentC), et les grands sites mondiaux qui veulent monétiser leur audience et étendre leurs services (Amazon avec l'Amazon Coin et son lecteur de cartes, Google Wallet). D'autres grands groupes fourbissent leurs armes, comme Facebook qui lance le transfert d'argent via son service Messenger, Microsoft qui a racheté Nokia pour assurer sa présence sur le marché des mobiles, et peut-être Twitter. Le bitcoin développe un écosystème à lui tout seul, et des start-up spécialisées dans la finance, nous allons y venir, tracent des chemins de traverse tout à fait intéressants.

Hormis Paypal qui s'est imposé dans le monde entier, parce qu'il est parti le premier il y a déjà longtemps (1998), aucun de ces nouveaux acteurs n'a acquis de position dominante. Le domaine du paiement est, pour eux, neuf ou récent (Orange Money date de 2008). Nous sommes au début des hostilités, les premières initiatives sont lancées sans que l'on puisse désigner ceux qui en sortiront vainqueurs. Ceci dit, la rupture technologique (Internet, les réseaux télécoms) est bien présente, ainsi que la transformation profonde des usages (le smartphone). La révolution aura bien lieu.

Les banques sont aussi attaquées sur leurs autres métiers

S'il n'y avait que les paiements, mais les banques sont aussi attaquées sur tous leurs autres métiers par des start-up offensives, amenant des ruptures technologiques et remettant en cause les modèles existants. Ces « FinTech », comme on les appelle, s'attaquent ainsi au crédit, qui demeurait jusqu'ici une prérogative du système bancaire.

Les PME se plaignent de façon récurrente des banques, de leur réticence à prêter, de leur manque de compréhension de leurs problèmes, et ces reproches se sont renforcés depuis la crise de 2008 qui oblige les banques à reconstituer leurs fonds propres avant de distribuer des prêts. Des FinTech innovent en repensant la manière de faire du crédit, notamment en inventant de nouveaux modèles de *scoring* qui « valorisent l'ensemble des données disponibles et exposées par les PME : données comptables, transactions bancaires, transactions sur les sites d'e-commerce ou encore commentaires laissés par les clients sur ces mêmes sites ou sur les réseaux sociaux. Sur la base de l'ensemble de ces données Kabbage octroie par exemple, dans l'heure qui suit la demande, une avance de trésorerie allant de 1 000 à 40 000 GBP. Après avoir investi les USA avec succès, la solution arrive donc en Europe via le Royaume-Uni[1]. »

1. Stephen Périn, Sylvain Fagnent, « Banque digitale : les FinTech cannibalisent la banque », *OCTO Technologies*, 2014.

Les plateformes de financement participatif (*crowdfunding* en anglais, littéralement financement par la foule) connaissent un développement rapide en France avec 65 millions d'euros levés et un potentiel de collecte d'ici à 2020 estimé aux alentours de 6 milliards d'euros. Ces sites mettent en contact des porteurs de projets et des internautes prêts à investir une partie de leurs économies dans des projets qu'ils ont sélectionnés.

À côté de ces start-up, les grands groupes ne restent pas inactifs. Google a lancé une ligne de crédit, mais uniquement disponible, pour le moment, pour l'achat de publicité sur son propre service, Google Adwords. Le taux appliqué est de 8,99 % aux États-Unis et de 11,90 % au Royaume-Uni et pour proposer ce service, Google a dû signer un partenariat avec Barclays qui assure le financement[1], ce qui montre une fois de plus le poids de la réglementation bancaire et la rente qu'elle représente pour les banques (et qui explique sans doute ces taux d'intérêt relativement élevés).

Le crédit aux particuliers est également concerné comme le montre le succès, aux États-Unis, de Lending Club, le leader du marché. Le site permet à des emprunteurs d'obtenir un prêt et à des investisseurs d'acheter des titres qui sont valorisés par le remboursement de ces prêts. Du fait de la légèreté de sa structure par rapport à une banque, ce site propose des crédits à des taux très compétitifs et rémunère très correctement ceux qui prêtent leur argent. En mars 2014, la plateforme avait émis plus de 4 milliards de dollars de prêts.

1. « Facebook, Google, Apple, Amazon : vos futures banques en ligne ? », www.challenges.fr, 30 avril 2014.

Même la banque privée (ou gestion de fortune) est impactée, alors que les banques pouvaient légitimement penser que le conseil en face-à-face avec un conseiller expérimenté ne pouvait pas leur échapper. Apparues aux États-Unis, des sociétés comme Wealthfront ou Personal Capital attirent les particuliers fortunés ; la première a dépassé le milliard de dollars sous gestion. Il s'agit de services d'investissement automatique (ou *robot advisors*) qui jouent à plein sur la logique du *big data* et de la gestion ultra-personnalisée. Une société du même type ouvre en France en 2015, BankCare : « Le service fonctionne en trois temps. Il permet d'abord d'agréger les données issues de l'ensemble de ses comptes épargne, du livret A à l'assurance-vie, en passant par le PEL ou le PEA. Il permet ensuite de définir une allocation cible de cette épargne, en fonction du profil de l'épargnant, de ses objectifs et de son horizon de placement. Enfin de fournir une optimisation automatique de la gestion de cette épargne, à travers une assurance-vie 100 % dématérialisée, tout en garantissant le capital[1]. »

L'affacturage, un marché très fermé, essentiellement bancaire et dont les méthodes n'ont pratiquement pas évolué depuis très longtemps, intéresse également de nouveaux entrants comme Finexkap qui propose « un modèle de *scoring* innovant sur la base de technologies *big data* en valorisant les données de l'entreprise et [offre] une solution de titrisation des factures qu'elle

1. « Finances personnelles : BankCare veut "révolutionner l'épargne des particuliers" », www.cbanque.com, 26 mars 2014.

proposera aux sociétés disposant de liquidité à placer à très court terme[1] ».

D'autres services comme le transfert d'argent sont pris en charge par des FinTech (comme Lydia en France), des services innovants apparaissent comme des cagnottes en ligne (Leetchi). Par ailleurs, la directive européenne SEPA *(Single Euro Area Payments)* vise à harmoniser les moyens de paiement dans la zone euro, ce qui ne devrait pas manquer de susciter l'émergence de nouveaux acteurs et une concurrence renouvelée.

Des banques complètes se créent *ex nihilo* sur Internet en adoptant ses codes, des « banques 2.0 » pourrait-on dire, comme l'Allemande Fidor Bank. Le modèle communautaire et *peer to peer* fonctionne à plein : plutôt que de vendre, à force de matraquage marketing, des produits aux clients, ceux-ci peuvent, au sein d'un réseau social interne, partager des « bons plans » (y compris dans des banques concurrentes) et suggérer de nouveaux placements ou services. Les clients peuvent faire des prêts et des emprunts entre eux, comme sur une plateforme de *crowdfunding*. On notera que Fidor Bank a obtenu une licence bancaire en 2009. Une telle initiative serait-elle possible France ? On peut malheureusement en douter.

Pour l'instant ces FinTech ne prennent que des parts de marché limitées aux banques traditionnelles, mais leurs perspectives de croissance sont impressionnantes. Comme l'explique le responsable d'un fonds d'investissement dédié à ces nouvelles sociétés technologiques : « Finalement, le métier des banques est

1. Stephen Périn, Sylvain Fagnent, *op. cit.*

d'être des intermédiaires, or le Web est une machine à désintermédier et c'est ainsi qu'apparaissent des services de *crowdfunding*, de *peer-to-peer lending*[1]. »

On remarque que ces attaques sur les métiers de base de la banque (crédit aux entreprises et aux particuliers, gestion de fortune, affacturage, etc.) sont menées par des start-up, les FinTech, mais pas par des grands groupes. Paypal, Apple, Orange ou d'autres, directement ou à travers des filiales, pourraient se lancer sur ces créneaux en forte croissance. Mais ils entreraient alors en conflit avec le système bancaire et cela ne correspond justement pas à ce qu'ils recherchent, leur objectif, comme on l'a dit, consistant à faire « ami-ami » avec les banques, pour l'instant.

Les banques répliquent à ces multiples offensives, mais sans vraiment convaincre. Elles ont souvent une guerre de retard : les banques françaises lancent Paylib, un concurrent de Paypal, en 2013, soit quinze ans après la création de la société américaine… Pendant ce temps, Orange Money se développe en Afrique, mais cela ne semble pas les préoccuper. Visa et Mastercard lancent des outils pour payer en ligne, plus récemment Visa a lancé une application de paiement mobile pour les smartphones Android, mais cela n'inquiète pas le patron de Paypal, David Marcus : « Les difficultés opérationnelles vont être importantes pour ces sociétés. Contrairement à nous qui avons des relations directes avec les consommateurs et les commerçants,

1. Yann Ranchere, directeur des investissements chez Anthemis, cité dans « Les "FinTech" : ces start-ups qui veulent bousculer les banques », frenchweb.fr, 7 juillet 2014.

elles ne contrôlent pas l'expérience de bout en bout puisqu'elles doivent passer par les banques qui formulent les offres[1]. » La fidélisation, la gestion des données clients, les sociétés du Web connaissent, que ce soient les grands groupes ou des start-up. Les paiements traduisent les habitudes de consommation et ces sociétés savent gérer cette manne.

LA JONCTION ENTRE NOUVELLES TECHNOLOGIES ET NOUVELLES MONNAIES

Le domaine potentiellement le plus disruptif, le plus « révolutionnaire », se construit à la jonction entre les nouvelles technologies et les nouvelles monnaies. Le bitcoin illustre à lui seul ce phénomène puisqu'il réunit de façon indissoluble ces deux aspects, à la fois une monnaie totalement indépendante et une technologie très élaborée et jamais prise en défaut. En tant que monnaie, le bitcoin réunit déjà des caractéristiques exceptionnelles : fiabilité absolue, coûts de transaction minimes, impossibilité de fabriquer de la fausse monnaie, confiance basée sur la transparence et non pas la croyance. En tant que technologie, nous l'avons vu, il permet la construction de services : marchés financiers, propriétés intelligentes, certification de documents. Le bitcoin peut réinventer une grande partie de notre économie, et surtout mettre cette possibilité à la portée de tous, pour un coût de fonctionnement minime

1. « Paypal entre dans les boutiques grâce à la mobilité », www.lesechos.fr, 9 mars 2013.

et une fiabilité sans faille (grâce à l'inaltérabilité de la base de données des transactions).

Le bitcoin peut aussi devenir un accélérateur pour l'ensemble de l'écosystème, car tous ces nouveaux acteurs commencent à être vraiment nombreux ! Il faut se mettre à la place de l'utilisateur (un particulier, un commerçant, un site) qui va devoir ouvrir un compte Paypal, Google Wallet, Orange Money… sans compter la multitude de sociétés qui veulent entrer sur ce marché. Or tous ces systèmes sont « propriétaires » : pour recevoir un paiement transitant sur Paypal, il faut ouvrir un compte sur ce site. Gérer une dizaine de porte-monnaie virtuels ne constitue pas forcément un progrès ! C'est ici qu'intervient le bitcoin qui, lui, est une plateforme ouverte. Ouvrir un compte auprès d'un opérateur suffit pour recevoir un paiement provenant de n'importe quel autre opérateur, nul besoin de créer un compte à chaque fois. Autre avantage déterminant du bitcoin, ses coûts de transaction très faibles, de l'ordre de quelques centimes quel que soit le montant de la transaction, ou d'au maximum 1 % si l'on passe par un intermédiaire (0,99 % pour BitPay) – sans compter que la concurrence pourra faire baisser ce chiffre, ou passer à un coût fixe quel que soit le montant. Comparé aux quelques pour cent minimum des autres moyens de paiement, cela représente une sacrée différence. Le bitcoin peut ainsi trouver sa place progressivement, du fait de ses qualités intrinsèques et grâce au dynamisme des entreprises qui en font la promotion, les start-up comme les nouveaux grands acteurs des paiements qui pourraient le proposer en option. Il peut devenir la monnaie complémentaire mondiale, réellement utilisée dans la plupart des pays par une proportion significative de la population.

Justement, les grands acteurs s'intéressent de plus en plus au bitcoin. Paypal, dont la filiale Braintree fournit des solutions de paiement à des entreprises comme Uber et AirBnb, permettra aux marchands de son réseau d'accepter cette monnaie. Apple, qui jusqu'ici interdisait sur sa plateforme d'applications les porte-monnaie bitcoin, les autorise désormais. Peut-être un jour pourra-t-on effectuer un paiement en bitcoins sur Apple Pay.

D'autres types d'initiatives peuvent émerger. Nous avons vu qu'Amazon a créé sa propre monnaie complémentaire, l'Amazon Coin, pour un montant de tout de même 3 milliards de dollars. Cette monnaie reste pour le moment confinée à l'achat d'applications pour les tablettes de la marque, mais on peut imaginer qu'elle soit proposée aux acheteurs et aux vendeurs de la plateforme, dans une logique « communautaire » et aussi pécuniaire (absence des frais de carte bancaire). Pourquoi pas un jour un eBay Coin, un Google Coin, un Apple Coin ?

On peut aussi imaginer que des monnaies complémentaires qui connaissent le succès, comme le chiemgauer ou l'eusko, et qui circulent pour le moment uniquement sous forme de billets, se mettent à utiliser la puissance et les potentialités d'Internet et du smartphone. Il pourrait même se créer des monnaies complémentaires nationales (comme le WAT au Japon) ou transnationales.

Le point de rencontre entre les nouvelles technologies et les nouvelles monnaies est certainement le plus prometteur : on utilise la technologie à plein et on sort complètement du système bancaire. On demeure cependant dans le système monétaire classique pour toutes les monnaies complémentaires qui s'étalonnent sur la monnaie officielle (1 eusko = 1 euro, donc le destin du premier est lié au second). Seules les monnaies basées sur des actifs réels, l'or et le bitcoin, y échappent en devenant des monnaies en tant que telles.

Chapitre 9

Le problème de la confiance : dans la monnaie et dans l'informatique

Face à cette diversification des outils de paiement et des innovations bancaires, la confiance que l'on peut leur accorder se pose immédiatement, car c'est elle qui déterminera ceux qui perceront ou pas. Abordons cette question d'un point de vue historique.

EXISTE-T-IL UN MOYEN DE PAIEMENT SÛR À 100 % ?

Les moyens de paiement électroniques, qu'ils soient déjà « anciens » comme les cartes bancaires, ou émergents comme ceux proposés par les nouveaux acteurs, posent la question de la *confiance*. Dans quelle mesure peut-on avoir confiance dans ces flux électroniques ? Les vols ne risquent-ils pas d'augmenter ? Car qui dit informatique dit hackers malveillants susceptibles de voler notre argent.

Selon l'organisme statistique Statista[1], seulement 37 % des Européens estiment que leur argent est en sécurité lors de paiements utilisant la technologie sans contact NFC, et ce chiffre tombe même à 22 % dans le cas de la France. On comprend donc pourquoi le paiement sans contact n'a pas encore décollé !

Avant l'apparition de ces nouveaux moyens de paiement, leurs prédécesseurs avaient aussi suscité des craintes, souvent fondées d'ailleurs, que ce soit pour la carte magnétique à ses débuts ou pour la carte à puce. Le paiement sur Internet aussi a d'abord fait peur, même si c'est nettement moins le cas aujourd'hui. Et l'on peut toujours remonter plus loin dans le temps (le chèque).

Posons-nous la question : existe-t-il un moyen de paiement infaillible, sûr à 100 % ? Oui, et c'est le plus ancien : celui où la monnaie possède une valeur intrinsèque, les pièces en or étant l'exemple le plus connu. Lorsqu'on reçoit une pièce en or ou en argent en paiement d'un bien, quoi qu'il arrive, cette pièce garde sa valeur. Si l'État qui l'a frappé disparaît ou fait faillite, aucune inquiétude, la pièce vaudra toujours son poids en or. Et cela vaut pour toutes les monnaies qui sont elles-mêmes une richesse, comme par exemple le sel à l'époque romaine, qui servait à payer les soldats (ce qui a donné le mot salaire). Hormis cela, soyons clairs, n'importe quel autre moyen de paiement nécessite plus ou moins de confiance, aucun n'est sûr à 100 %.

1. « Share of Consumers in Selected European Countries Who Feel Comfortable with Contactless Payments as of February 2014 », Statista, février 2014.

Il faut néanmoins reconnaître que le paiement en pièces d'or ou d'argent a ses inconvénients, comme celui de pouvoir être volé, de devenir une cible pour les malfrats, et en conséquence les transports de sommes importantes requièrent une garde armée onéreuse. Il est également nécessaire de bien s'assurer de l'intégrité des pièces (n'ont-elles pas été rognées ?), de vérifier leur poids, ce qui prend du temps. Et puis le paiement physique ne convient pas aux opérations commerciales complexes sur longue distance et s'inscrivant dans de longues durées. Le commerce traversant l'Europe, l'affrètement de navires à Venise pour le commerce avec l'Orient avec des voyages qui durent facilement une année nécessitent que l'argent voyage facilement, qu'il noue et dénoue rapidement les transactions, et que la comptabilité en soit clairement établie. C'est à cette époque, au Moyen Âge, que naissent les banques, les lettres de change et les billets à ordre, ainsi que la comptabilité en partie double. Ces services ont été mis au point par les Templiers (XIIe et XIIIe siècles) dans le cadre de leur mission de protection et d'accompagnement des pèlerins chrétiens pour Jérusalem.

On passe ainsi à de l'argent sous forme de papier, et si au début la banque n'engage jamais plus que ce qu'elle détient en or dans ses coffres, la demande de crédit conjuguée au manque de métal précieux en Europe la pousse à prêter plus que ses réserves. On commence alors à parler d'effet de levier, parfois de 1 sur 2 pour les banques les plus téméraires (ce qui signifie qu'elles prêtent deux fois plus que l'or qu'elles détiennent en réserve). Aujourd'hui, les grandes banques ont un levier de l'ordre de 1 sur 30...

L'apparition du billet de banque

Quelques siècles plus tard, sous Philippe d'Orléans (régent de 1715 à 1723), naît le premier billet de banque en Europe, à l'initiative du banquier écossais John Law. En 1715, année de la mort de Louis XIV, la situation financière de la France est catastrophique : la dette de l'État représente dix années de recettes fiscales du royaume (nous en sommes à peu près à ce niveau aujourd'hui). John Law propose au régent de créer une banque qui émettra des billets contre l'or qu'elle détient. Le succès est rapidement au rendez-vous car, pour les négociants, les billets se révèlent plus pratiques que les pièces. Mais la banque commence à accroître le volume de ses émissions, imprimant plus de papier-monnaie qu'elle n'a réellement d'or et d'argent en dépôt. En outre, l'émission de billets est gagée notamment sur la Compagnie du Mississippi, qui promet un extraordinaire développement économique de la Louisiane (française à l'époque)… qui n'advient pas. Le « système de Law » s'écroule en 1720 et ruine, on l'estime, 10 % de la population française.

La deuxième tentative d'introduction du papier-monnaie en France tourne également au désastre : il s'agit de l'assignat pendant la période révolutionnaire, en 1791. Au début, les assignats sont gagés sur les biens – confisqués – de l'Église. Mais la tentation est trop grande et les rotatives tournent encore et encore jusqu'à la ruine finale.

Pour qu'un billet de banque digne de confiance circule en France, il faut attendre la création de la Banque de

France en 1800 par Bonaparte, et la diffusion d'une nouvelle monnaie, le franc germinal, dont la valeur indexée sur l'or ne variera pas jusqu'en 1914. Les billets circulent, ainsi que les pièces d'or, notamment la célèbre pièce de 20 francs, appelée « napoléon » et encore thésaurisée aujourd'hui dans nombre de familles françaises. Durant tout le XIXe siècle, en France mais aussi en Angleterre, en Allemagne, aux États-Unis, l'étalon-or est appliqué de façon stricte. La confiance dans les billets émis par la banque centrale est pleine et entière pour une raison bien simple : on peut ramener ses billets à sa banque et les échanger contre de l'or.

L'ÉTALON-OR ET LA BANQUE CENTRALE

La confiance dans la monnaie, à cette époque, ne pose pas question, on peut presque parler d'une sorte d'âge d'or. Il y a cependant une menace, celle de la dépendance à une banque centrale unique. Car l'avènement des banques centrales au XIXe siècle en Europe (en 1913 aux États-Unis) se fait par l'élimination des monnaies locales (complémentaires) qui existaient encore, ainsi que par la disparition de la banque libre, c'est-à-dire de la capacité pour une banque privée d'émettre ses propres billets. La banque libre disparaît en France dès 1800 car la Banque de France détient le monopole d'émission des billets de banque ; elle perdure jusqu'en 1845 en Écosse. Or, à partir du moment où l'ensemble des agents économiques dépendent d'une banque centrale unique, celle-ci peut changer les règles du jour au lendemain, et c'est ce qui se produit lors du déclenchement de la Première Guerre mondiale. Il faut financer l'effort de guerre, la planche à billets tourne et, bien entendu, maintenir la parité avec l'or n'est plus possible : elle est donc suspendue.

Plusieurs économistes défenseurs de l'étalon-or (Ferdinand Lips, Antal Fekete) expliquent que si la guerre de 14-18 a duré si longtemps et fut une véritable hécatombe pour l'Europe, c'est précisément à cause de la planche à billets, rendue possible par la centralisation de l'émission monétaire par les États. Dans un système monétaire libre où plusieurs monnaies peuvent coexister, où des banques peuvent émettre leur propre monnaie gagée sur leurs réserves d'or, dans une économie où l'or reste la référence quoi qu'il arrive, l'État ne peut pas faire ce qu'il veut. On se rappelle Louis XIV envoyant à la fonte le mobilier d'argent de Versailles en 1689 pour financer l'effort de guerre. Sans planche à billets, la Première Guerre mondiale se serait arrêtée au bout de six mois.

Cette réflexion, et d'autres, doivent nous rappeler que l'État et la monnaie ne font pas forcément bon ménage, qu'un système monétaire efficace peut fonctionner sans État ni banque centrale, que le pouvoir étatique a toujours tendance à accaparer le pouvoir monétaire en pensant d'abord à ses propres besoins (essentiellement financer son déficit budgétaire). La monnaie constitue bien sûr un attribut de la souveraineté, mais lorsque l'on rentre dans une logique exclusive, des dangers apparaissent.

Durant l'entre-deux-guerres, les pays européens tentent de rétablir l'étalon-or (conférence de Gênes en

1922) mais en voulant revenir aux parités d'avant-guerre alors que les prix ont augmenté, ce qui provoque de graves perturbations économiques (récession en Angleterre). La crise de 1929, par les bouleversements qu'elle produit, amène à la suspension des parités entre les monnaies, le contrôle des changes et le protectionnisme deviennent la norme.

Les accords de Bretton Woods

À la fin de la Deuxième Guerre mondiale, les accords de Bretton Woods sont signés le 22 juillet 1944 pour rebâtir un système monétaire international. Mais ceux-ci s'éloignent de l'étalon-or strict prévalant avant 1914 puisque le dollar acquiert un statut équivalent à l'or : il devient « monnaie de réserve », convertible en or. Il s'agit en réalité d'un « étalon de change or » *(Gold Exchange Standard)* où toutes les monnaies sont reliées au dollar par une parité fixe mais ajustable, le dollar lui seul étant relié à l'or au prix de 35 dollars l'once (une once pèse 31,1 grammes). Le dollar acquiert *de facto* la même valeur que l'or, ce qui représente un privilège exorbitant pour la première puissance mondiale.

Les États-Unis peuvent ainsi financer leur déficit commercial et leur déficit budgétaire en imprimant des dollars. Au cours des années 1960, leurs échanges extérieurs se dégradent et les déséquilibres budgétaires s'aggravent (à cause des dépenses de la guerre du Vietnam et du programme spatial). La masse des dollars en circulation dans le monde augmente rapidement et le taux de 35 dollars l'once d'or devient de plus en plus artificiel. L'Allemagne et la France demandent à changer au moins en partie leurs dollars en or, ce qui aboutirait à sérieusement entamer les réserves en or des États-Unis. Face à cette situation intenable, le président américain Richard Nixon décide unilatéralement, le 15 août 1971, de suspendre la convertibilité du dollar en or. Depuis cette date, les monnaies flottent « librement » déconnectées de l'or. C'est la fin du système de Bretton Woods et du rôle de l'or comme étalon. Depuis cette date, nous utilisons de pures monnaies papier sans lien avec l'or, une expérience unique dans l'histoire depuis les premières civilisations (Égypte, Mésopotamie) où l'or a toujours joué un rôle monétaire central. Mais cela fonctionne parce que nous avons « confiance ».

Le tournant des années 1970

Le tournant des années 1970 est aussi celui du début de la crise économique après les « Trente Glorieuses », du premier choc pétrolier et des déficits budgétaires croissants dans les pays industrialisés (aux États-Unis et en Europe où la France connaît son premier budget en déficit en 1974). La dette des États augmente. Comment la financer ? En la vendant sur le marché international (c'est ainsi que les États demandent à être notés par les grandes agences de notation), mais cela ne suffit pas. Reste l'épargne intérieure, mais comment la capter ?

En 1970 en France, le gouvernement impose la mensualisation des salaires et, partant, la bancarisation obligée de l'ensemble de la population. Hormis le livret A, le produit d'épargne préféré des Français (et fiscalement avantagé par Bercy) est l'assurance-vie, dont l'essentiel des montants est investi… en obligations d'État. La boucle est bouclée, et voici comment l'État finance sa dette.

Les années 1970 marquent donc la mise en place d'un modèle où l'État et les grandes banques marchent main dans la main pour financer une dette publique toujours plus importante. Tant que l'État fait face à ses engagements financiers, il n'y a pas de problème ; mais s'il venait à faire défaut, le système bancaire, gorgé de bons du Trésor, s'écroulerait et tous les Français se retrouveraient ruinés. Dans un tel cas, l'épargne financière serait volatilisée, seuls s'en tireraient ceux qui possèdent des biens réels (de l'immobilier, mais la crise ferait chuter les prix) ou qui détiennent d'autres monnaies (des bitcoins, des pièces d'or, des monnaies complémentaires non reliées à l'euro comme les SEL). La confiance disparaîtrait du jour au lendemain, mais il serait trop tard pour réagir.

L'ARRIVÉE D'INTERNET

Dans ce cadre, l'émergence depuis les années 1990 de monnaies complémentaires et de nouveaux moyens de paiement (Paypal) permis par le réseau Internet, puis plus tard du bitcoin, de systèmes de paiement comme Orange Money et M-Pesa, et enfin dernièrement d'Apple Pay, peut permettre de sortir de ce modèle étouffant et au fond très instable que représentent les relations incestueuses entre les États et les grandes banques. Chacun comprend bien la dimension *politique* que représentent ces nouvelles initiatives, qui ne sont pas vécues autrement que comme des intrusions par les pouvoirs en place. Tout ceci n'est pas un problème technique ! Les enjeux sont énormes, ils mettent en cause la façon dont fonctionne notre système monétaire et financier.

Ce système autocentré sur les États, les banques centrales et les grandes banques peut nous mener à la faillite générale comme nous avons failli le voir lors de la crise de 2008, compte tenu des risques pris aussi bien par les gouvernements, qui ne parviennent pas à faire diminuer la dette publique, que par les grandes banques mondiales, qui jouent aux équilibristes avec leur levier de 1/30 (qui ne tient pas compte des produits dérivés – hors bilan – d'un montant total de 700 000 milliards de dollars). Il devient donc urgent de favoriser plus de liberté et de diversité dans le monde de la finance, de la banque et de la monnaie.

Tous les nouveaux moyens de paiement comportent un risque intrinsèque qui ne pourra jamais être totalement éliminé : le risque informatique. On peut se faire voler ses bitcoins, et cela s'est produit maintes fois, des systèmes de paiement peuvent se faire pirater (CurrentC, à peine lancé, s'est déjà fait voler des comptes clients). Et plus Apple Pay ou Orange Money gagneront des clients, plus ils deviendront la cible des cybercriminels. Cet aspect constituera d'ailleurs un élément clé de la concurrence à laquelle se livrent déjà les grands acteurs, ceux qui ne parviendront pas à gagner la confiance des consommateurs seront mis sur la touche.

Au-delà de ces aspects techniques, la question qui se pose pour les années à venir revient à savoir si ce passage d'un monde autocentré à un écosystème diversifié se fera progressivement ou s'il devra passer par une nouvelle crise plus grave que celle de 2008, c'est-à-dire à une crise dans laquelle les déposants seront spoliés pour renflouer le système bancaire. Toute la population comprendra alors à ce moment que le prix à payer s'avère trop important, et la « fuite » vers les autres systèmes deviendra massive (bitcoin, or, monnaies complémentaires basées sur des actifs réels, systèmes de paiement extérieurs au système bancaire, etc.). Si la confiance ne peut jamais exister à 100 %, il importe de bien évaluer les risques, et ils ne plaident pas en faveur du système actuel.

Conclusion

En conclusion posons-nous une question de fond, avec un soupçon de provocation : finalement, les banques sont-elles faites pour s'occuper du grand public ? Surtout quand des systèmes de paiement et de services bancaires technologiques et bon marché suffisent ?

La banque a été inventée au Moyen Âge pour des opérations complexes comme le commerce sur longue distance, et pas du tout pour gérer l'argent du « petit peuple », qui gardait son argent (ses pièces en métal précieux) par-devers lui. La bancarisation massive constitue un phénomène récent, qui date des années 1970. Même si la mensualisation des salaires a accéléré ce mouvement, celle-ci était de toute façon nécessaire, l'argent liquide ne pouvait demeurer l'unique moyen de paiement de millions de Français. Mais pour les banques, cela a représenté une formidable opportunité (« Votre argent m'intéresse » disait la publicité de la BNP à cette époque). Elles sont devenues très grosses, et elles pensaient avoir verrouillé le système avec la carte bancaire équipée d'une puce, un outil performant, efficace et très rentable. On connaît la suite de l'histoire : Internet, Paypal, etc. Et la crise de 2008, avec un risque de faillite bancaire qui demeure élevé.

Avec les nouvelles technologies et les nouveaux entrants, ne va-t-on pas revenir à la situation antérieure ? Les moyens de paiement, le compte courant, le crédit et les produits d'épargne de la plus grande partie de la population seront gérés par de nouveaux acteurs qui auront finalement réussi à obtenir la licence bancaire, et cela pour un coût nettement inférieur au système bancaire actuel.

Les banques, elles, reviendront sur leur métier de base, celui des opérations complexes pour le monde des entreprises, et la gestion de fortune. Au passage ce serait un bon moyen de séparer les banques de marché des banques de dépôt, les activités complexes et risquées d'un côté, l'argent des épargnants de l'autre. Une configuration nettement préférable au mélange actuel (les « banques universelles ») qui fait peser un réel risque sur les épargnants et sur l'économie.

Index

A

B

C

E

F

G

H

J

L

M

N

O

P

S

T

V

W

Composé par Sandrine Escobar

Dépôt légal : février 2015
IMPRIMÉ EN FRANCE

Achevé d'imprimer le 20 janvier 2015
sur les presses de l'imprimerie « La Source d'Or »
63039 Clermont-Ferrand
Imprimeur n° 13291

PEFC/10-31-2008

Dans le cadre de sa politique de développement durable,
La Source d'Or a été référencée IMPRIM'VERT®
par son organisme consulaire de tutelle.
Cet ouvrage est imprimé - pour l'intérieur -
sur papier bouffant « Munken Print White » 80 g
provenant de la gestion durable des forêts,
produit par des papetiers dont les usines ont obtenu
les certifications environnementales ISO 14001 et E.M.A.S.